essentials

essentials liefern aktuelles Wissen in konzentrierter Form. Die Essenz dessen, worauf es als „State-of-the-Art" in der gegenwärtigen Fachdiskussion oder in der Praxis ankommt. *essentials* informieren schnell, unkompliziert und verständlich

- als Einführung in ein aktuelles Thema aus Ihrem Fachgebiet
- als Einstieg in ein für Sie noch unbekanntes Themenfeld
- als Einblick, um zum Thema mitreden zu können

Die Bücher in elektronischer und gedruckter Form bringen das Fachwissen von Springerautor*innen kompakt zur Darstellung. Sie sind besonders für die Nutzung als eBook auf Tablet-PCs, eBook-Readern und Smartphones geeignet. *essentials* sind Wissensbausteine aus den Wirtschafts-, Sozial- und Geisteswissenschaften, aus Technik und Naturwissenschaften sowie aus Medizin, Psychologie und Gesundheitsberufen. Von renommierten Autor*innen aller Springer-Verlagsmarken.

Weitere Bände in der Reihe http://www.springer.com/series/13088

Andrea Hausmann

Wirkungsvolle Organisations- und Leitbildentwicklung in Kulturbetrieben

Praxis Kulturmanagement

 Springer VS

Andrea Hausmann
Institut für Kulturmanagement
Pädagogische Hochschule Ludwigsburg
Ludwigsburg, Deutschland

ISSN 2197-6708   ISSN 2197-6716 (electronic)
essentials
ISBN 978-3-658-33617-2   ISBN 978-3-658-33618-9 (eBook)
https://doi.org/10.1007/978-3-658-33618-9

Die Deutsche Nationalbibliothek verzeichnet diese Publikation in der Deutschen Nationalbibliografie; detaillierte bibliografische Daten sind im Internet über http://dnb.d-nb.de abrufbar.

Planung/Lektorat: Dr. Cori Antonia Mackrodt
Springer VS ist ein Imprint der eingetragenen Gesellschaft Springer Fachmedien Wiesbaden GmbH und ist ein Teil von Springer Nature.
Die Anschrift der Gesellschaft ist: Abraham-Lincoln-Str. 46, 65189 Wiesbaden, Germany

Was Sie in diesem *essential* finden können

- Einführung in den Begriff und Prozessablauf der Organisationsentwicklung in Kulturbetrieben
- Überblick zu den wichtigsten Akteuren und Methoden der Organisationsentwicklung in Kulturbetrieben
- Praxisorientierte Darstellung der Ziele, Arten und Funktionen von Leitbildern in Kulturbetrieben
- Analyse von Leitbildbeispielen aus der kulturbetrieblichen Praxis
- Fundierte Entscheidungshilfen für die Wahl des richtigen Leitbildverfahrens
- Begründung der Vorteile einer externen Prozessbegleitung/Organisationsberatung
- Ausführliche Beschreibung des Prozessablaufs einer Leitbilderstellung in Kulturbetrieben

Inhaltsverzeichnis

Einführung

Organisationale Systeme unterliegen einem kontinuierlichen, dynamischen Wandel. Auch für Kulturbetriebe gibt es, wie nachfolgend exemplarisch aufgezeigt, eine Fülle von internen und externen Einflussfaktoren, die dazu führen, dass Veränderungen keine Ausnahme, sondern die Regel sind:

Interne Einflussfaktoren

- Eine neue Führungskraft – mit ihren individuellen Eigenschaften, Zielen, Netzwerken etc. – übernimmt die Geschäftsführung. In einigen Kulturbetrieben (z. B. Orchester, Theater) ist ein solcher Wechsel in der Betriebsleitung systeminhärent, d. h. regelmäßig vorgesehen (z. B. durch befristete Arbeitsverträge). Dadurch ändert sich in der Regel vieles im Hinblick auf Abläufe, Ressourcenzuweisung, Aufgabenprioritäten etc.
- Ein Kulturbetrieb wird in eine neue Rechtsform überführt (mit entsprechenden Auswirkungen auf eingeübte Arbeitsprozesse), zwei vorher eigenständige Kulturbetriebe werden fusioniert (mit Konsequenzen für die Organisationskultur und -struktur) oder es steht eine Sanierung, ein Um-/Neubau etc. an (mit Auswirkungen auf etablierte Informationsstrukturen und Prozessabläufe).
- Ehemals eigenständige Organisationseinheiten eines Kulturbetriebs werden zusammengefasst oder ehemals zusammengehörige Funktionsbereiche werden getrennt. Auch hier müssen z. B. Informations- und Kommunikationsstrukturen verändert oder neu etabliert und eingeübt werden.
- Beschäftigte verlassen den Betrieb dauerhaft (Kündigung, Ruhestand) oder temporär (Sabbatical, Abordnung) oder sind nicht verfügbar, z. B. aufgrund langfristiger Erkrankung; etabliertes Prozesswissen fehlt, neue Routinen, Abläufe, Verantwortlichkeiten etc. müssen gefunden werden.

© Springer Fachmedien Wiesbaden GmbH, ein Teil von Springer Nature 2021
A. Hausmann, *Wirkungsvolle Organisations- und Leitbildentwicklung in Kulturbetrieben*, essentials, https://doi.org/10.1007/978-3-658-33618-9_1

- Neue Aufgabenbereiche werden geschaffen und neues Personal hierfür eingestellt; dessen Kompetenzen, Verhaltensweisen etc. führen zu Veränderungen in
etablierten Strukturen und Prozessen.
- Konflikte zwischen einzelnen Beschäftigten, Hierarchieebenen etc. treten erst-
malig auf oder verhärten sich; Arbeitsabläufe an anderen Stellen sind davon
betroffen, mit großer Wahrscheinlichkeit wird das Organisationsklima insgesamt tangiert, die Notwendigkeit zum Handeln steigt.

Externe Einflussfaktoren

- Politische Entscheidungen beeinflussen die Arbeit von Kulturbetrieben erheb-
lich. Sei es auf kommunalpolitischer Ebene (z. B., weil sich nach Wahlen die
Zusammensetzung der Träger verändert und sich daraus neue Schwerpunkte
bei der öffentlichen Kulturförderung Hand ergeben) oder auf übergeordneten
Ebenen (z. B., weil aufgrund der Eindämmung pandemischer Infektionsrisiken
Veränderungen in der Art der Leistungserbringung angeordnet werden).
- Der demografische Wandel führt zu starken gesellschaftlichen Veränderun-
gen; das wirkt sich u. a. auf die Publikumsstruktur in den Kulturbetrieben
und alle hiervon betroffenen Funktionsbereiche aus (Vermittlung, Marketing,
Fundraising etc.).
- Der technische Wandel und die Digitalisierung wirken sich sowohl auf die
Arbeitsprozesse in den Kulturbetrieben als auch auf die Leistungserstellung
und die Vermittlung/Vermarktung von Kulturangeboten aus.
- Die ökonomischen Voraussetzungen bei Unternehmen und Individuen verändern sich regelmäßig; dies hat immer auch Konsequenzen für das Sponsoring
und Fundraising. Zusätzliche Projekte können durch solche Drittmittel in Kulturbetrieben realisiert werden – oder in wirtschaftlich schwierigen Zeiten eben
auch nicht.

Diese kursorische Auflistung verdeutlicht bereits die Zwangsläufigkeit von konti-
nuierlichem Veränderungsbedarf in Kulturbetrieben – und zwar unabhängig von
Sparte, Größe, Betriebsform oder Trägerschaft. Ein besonders geeignetes Konzept zur geplanten, systematischen Bewältigung von Veränderungsprozessen ist
die Organisationsentwicklung. Ihr Zweck ist die Verbesserung der Leistungs-
, Lern- und Anpassungsfähigkeit von Organisationen bzw. deren Beschäftigten.
Von den verschiedenen hierbei eingesetzten Instrumenten gilt die Erarbeitung
und Umsetzung von Leitbildern als besonders erfolgsversprechend. Doch obgleich
Organisations- und Leitbildentwicklungsprozesse in anderen Wirtschaftsbereichen

bereits seit Langem erfolgreich eingesetzt werden, sind sie in der Kulturmanagementpraxis noch deutlich weniger verbreitet. Es ist daher Ziel dieses *essentials* aufzuzeigen, wie sich dieses betriebswirtschaftliche Konzept auch für Organisationen mit künstlerisch-kreativen bzw. inhaltlichen Prozessen und Leistungen wirkungsvoll adaptieren und nutzen lässt. Auf organisationstheoretischen Erkenntnissen basierend wird dazu nachfolgend ein kompakter, praxisorientierter Leitfaden ausgearbeitet, der sich eignet für die Konzeptionierung und Durchführung von kulturbetrieblichen Veränderungsprozessen in Eigenregie, mit wissenschaftlicher Begleitung oder in Kooperation mit sonstigen Experten/innen. Da solche Prozesse immer auch Führungsaufgabe sind, knüpft vorliegendes *essential* an die bisher von der Autorin erschienenen Werke zur Personalführung in Kulturbetrieben an (Hausmann 2019 und 2020).

Organisationsentwicklung in Kulturbetrieben

2

2.1 Begriffsklärung

Zum Thema Organisationsentwicklung wurde bereits ausgiebig geforscht. Allerdings konnte sich bislang keine einheitliche Definition etablieren. In Anlehnung an das Begriffsverständnis von Schiersmann und Thiel (2018, S. 5) wird Organisationsentwicklung hier als

- geplanter,
- systematischer und
- zielgerichteter bzw. ergebnisorientierter

Veränderungsprozess in Kulturbetrieben verstanden, der in der Regel

- langfristig in Projektform angelegt ist und
- Beschäftigte aller Hierarchieebenen aktiv einbezieht.

Charakteristisches Merkmal der Organisationsentwicklung ist ihr prozesshaftes Vorgehen unter Einsatz sozialwissenschaftlicher Methoden, wie z. B. Interviews, Workshops und Coachings (vgl. Abschn. 2.3). Grundsätzlich kann die Organisationsentwicklung bei sämtlichen organisationalen Veränderungsbedarfen eingesetzt werden, die in Kap. 1 beispielhaft genannt wurden. Generelles Ziel der Organisationsentwicklung ist es,

- sowohl die Leistungs- und Anpassungsfähigkeit von *Kulturbetrieben* zu verbessern und ihre strategische Zielorientierung zu erhöhen

© Springer Fachmedien Wiesbaden GmbH, ein Teil von Springer Nature 2021
A. Hausmann, *Wirkungsvolle Organisations- und Leitbildentwicklung in Kulturbetrieben,* essentials, https://doi.org/10.1007/978-3-658-33618-9_2

• als auch die Lern- und Veränderungskompetenz der *Beschäftigten* zu fördern und ihre Qualität des Arbeits(er)lebens positiv zu beeinflussen.

Diese Zielorientierung erfordert es, eine ganzheitliche Perspektive einzunehmen und bei der Planung und Umsetzung von Veränderungsprozessen sowohl *soziale* und *organisationspsychologische* Wechselwirkungen zu untersuchen (z. B. Kommunikationsverhalten, Werte, Hierarchien) als auch *betriebswirtschaftliche* Aspekte zu berücksichtigen (u. a. Technologien, Umwelt, Stakeholder) (Gairing 2017, S. 14 f.). Statt von Organisationsentwicklung wird z. T. auch von Change Management gesprochen. Allerdings finden sich zwischen den beiden Konzepten insofern Unterschiede, als Organisationsentwicklungsprojekte prinzipiell mittel- bis langfristig angelegt sind und die Partizipation der Mitarbeiter/innen sowie der Prozess an sich im Vordergrund stehen. Demgegenüber verlaufen Change Management-Prozesse häufig kürzer und z. T. ohne direkte Beteiligung der Betroffenen ab (vgl. ausführlich Werther und Jacobs 2014). Im Rahmen dieses *essentials* wird ausschließlich von Organisationsentwicklung die Rede sein.

2.2 Phasen und Akteure

Mit Blick auf einen idealtypischen Ablauf des Veränderungsprozesses findet sich in Forschung und Praxis kein einheitliches Vorgehen. Viele Organisationsentwickler/innen beziehen sich jedoch auf das *Drei-Stufen-Modell* von Kurt Lewin (1947), der als Begründer der Organisationsentwicklung gilt. Seinem Ansatz nach sollten Veränderungsprozesse die drei Phasen *Unfreezing – Moving – Refreezing* durchlaufen. Die Begriffe sind dem Sinnbild entlehnt, dass sich eine gefrorene Form nur dann verändern lässt, wenn sie erst aufgetaut bzw. verflüssigt und anschließend wieder eingefroren wird. Ohne diese Aggregatsveränderung würde sinngemäß auch eine Organisation beim Veränderungsprozess zerbrechen. Die drei Phasen stellen sich wie folgt dar:

1. Phase *Unfreezing:* In der ersten Phase wird der Veränderungsprozess geplant, vorbereitet und die Organisation mobilisiert. Dazu muss die Ist-Situation analysiert und eine Bereitschaft für den Wandel erzeugt werden.
2. Phase *Moving:* Darauf aufbauend finden die eigentlichen Veränderungen statt; geplante Strategien und Maßnahmen werden umgesetzt. Neue Strukturen, Prozesse und Werte werden implementiert, um die Zielvorstellungen zu erreichen.

3. Phase *Refreezing:* In dieser Phase wird das Neuetablierte in der Organisation verfestigt. Diese Phase wird allerdings mittlerweile als nicht mehr zeitgemäß kritisiert. Denn die Veränderungsdynamik ist in den letzten Jahren stark gestiegen, sodass sich Organisationen letztlich dauerhaft in einem mehr oder weniger flüssigen Zustand befinden müssen (u. a. Werther und Jacobs 2014, S. 51 f.; Krüger und Bach 2014, S. 50.).

Typische Phasen von Organisationsentwicklungsprozessen

Weil jede Organisation anders ist, gibt es kein Patentkonzept für den Erfolg von Veränderungsprozessen. Dennoch finden sich in Theorie und Praxis typische Phasen bzw. Schritte, die im Laufe von Organisationsentwicklungsprojekten durchlaufen werden sollten (u. a. Schiersmann und Thiel 2018, S. 50; Wiesbauer 2015, S. 101 f.). Deren Dramaturgie wird in Abb. 2.1 schematisch dargestellt und im Anschluss kurz erläutert; die Phasen beeinflussen sich dabei gegenseitig und die Dynamik von Prozessen bedingt, dass zu jedem Zeitpunkt Rückschritte und Neukonfigurationen erforderlich werden können. In Kap. 3 wird auf die einzelnen Phasen noch einmal ausführlich und praxisnah im Kontext einer kulturbetrieblichen Leitbildentwicklung eingegangen.

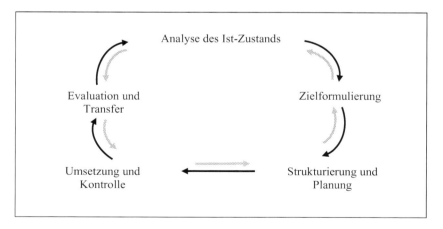

Abb. 2.1 Typische Phasen in Organisationsentwicklungsprozessen

- *Analyse des Ist-Zustands:* Organisationsentwicklungsprozesse beginnen mit einer genauen Untersuchung der Ausgangsituation und einer ersten Formulierung des Veränderungs- bzw. Entwicklungsanliegens.
- *Zielformulierung:* Darauf aufbauend werden die Projektziele konkretisiert. Es kommt zur Auftragsklärung und Vergabe des Projekts.
- *Strukturierung und Planung:* Um die Ziele zu erreichen, wird ein Maßnahmenpaket unter der Berücksichtigung der vorhandenen Ressourcen (Personal, Zeit, Budget) geschnürt. Am Ende dieser Überlegungen steht ein vorläufiger Gesamtplan über den Verlauf (Prozessarchitektur).
- *Umsetzung und Kontrolle:* Es kommt zur Durchführung von geplanten Veranstaltungen und Maßnahmen; alle Aktivitäten und erarbeiteten Ergebnisse werden schriftlich dokumentiert und allen Beteiligten zur Verfügung gestellt.
- *Evaluation und Transfer:* Am Ende des Organisationsentwicklungsprojekts steht die Reflexion der Ergebnisse. Je nachdem, was im Prozess erarbeitet und gelernt wurde, können die gemachten Erfahrungen auf andere Bereiche in der Organisation übertragen werden.

Akteure von Organisationsentwicklungsprozessen
An Organisationsentwicklungsprozessen sind grundsätzlich unterschiedliche Akteure und Interessengruppen beteiligt, die sich grob den drei Gruppen *Management, Mitarbeiter/innen* und *wissenschaftliche Begleitung/externe Moderation* zuordnen lassen; in vielen Kulturbetrieben sind zudem noch die Träger und verschiedenen Gremien von Bedeutung (vgl. Kap. 3). Es empfiehlt sich, die unterschiedlichen Rollen und Funktionen von Beginn an festzulegen und zu kommunizieren. So wird verhindert, dass im laufenden Prozess falsche Erwartungen und unnötige Konfliktsituationen entstehen (Gairing 2017, S. 150). Zu den Akteuren im Überblick (ausführlich hierzu am Beispiel einer Leitbildentwicklung vgl. Abschn. 3.4):

Management (Geschäftsführungs- und Abteilungsleitereben):
Führungskräfte in Kulturbetrieben sind wesentlich für den Erfolg von Veränderungsprozessen verantwortlich. Sie geben die Organisationsentwicklung nicht nur in Auftrag, sondern müssen während der gesamten Laufzeit hohes Engagement zeigen.

Mitarbeiter/innen:
Neben dem Engagement der Führungskräfte ist ein weiterer zentraler Erfolgsfaktor die Partizipation der Beschäftigten. Ihr Wissen und ihre Erfahrungen sind

wertvoll und müssen in das Projekt eingebunden werden. Durch eine aktive Beteiligung, erhöht sich zudem ihre Bereitschaft, sich auf den Veränderungsprozess einzulassen und neue Entwicklungen zuzulassen.

Wissenschaftliche Begleitung/externe Moderation:
Die Aufgaben der Begleitung bzw. Moderation bei Veränderungsprozessen sind wichtig und vielfältig. Sie begleiten und moderieren den Prozess, fördert aber auch gleichzeitig das eigenverantwortliche Lernen und die Selbstorganisation der Beteiligten. Empfehlenswert sind Kenntnisse in den Bereichen Projekt-, Kommunikations- und Konfliktmanagement; eine kursorische Übersicht findet sich im nachstehenden Erklärungskasten.

- *Projektmanagement:* Projekte stellen die Quintessenz bei der Gestaltung von organisationalen Veränderungsprozessen dar. Um die häufig komplexen und langwierigen Entwicklungen erfolgreich zu planen, steuern und abzuschließen, ist ein ganzheitliches Projektmanagement erforderlich. Dabei müssen die Ziele definiert, die dafür erforderlichen Maßnahmen zusammengestellt, umgesetzt und evaluiert werden. Erfolgreiches Projektmanagement zeichnet sich dadurch aus, dass nicht nur die „Sachziele" erreicht, sondern auch die zu Verfügung stehenden Ressourcen (Zeit, Personal, Finanzmittel) optimal eingesetzt und effizient genutzt wurden.
- *Kommunikationsmanagement:* Kommunikation ist ein essenzieller Baustein bei der Realisierung von Projekten. In diesem Kontext wird unter dem Begriff Kommunikationsmanagement die zeit- und zielgruppengerechte Planung, Organisation und Weitergabe von Informationen verstanden. Vor allem bei (i. d. R. sensiblen) Veränderungsprozessen hilft systematische Kommunikation, Ängste und Widerstände abzubauen, den Dialog zu fördern und alle Beteiligten in das Projekt einzubeziehen. Projektkommunikation besteht aus mündlicher Kommunikation (Sitzungen, Workshops), Berichtswesen (Protokolle), Projektdokumentation (Konzepte, Anleitungen), Projektmarketing (Informationsveranstaltungen, die Vertrauen und Akzeptanz herstellen) und Collaboration-Tools (gemeinsame Dokumente) (Kuster et al. 2019, S. 191).
- *Konfliktmanagement:* Kein Veränderungsprozess läuft ohne Konflikte und Widerstand ab. Diese Tatsache stellt jedoch kein Hindernis für Organisationsentwicklungsprojekte dar. Vielmehr sind die beteiligten Akteure

gefordert, Konflikte als Chance für einen möglichen Wandel zu begreifen und aktiv anzugehen. Unter dem Begriff Konfliktmanagement werden dabei jene Interventionsstrategien und -methoden verstanden, die bei der Behandlung von Konflikten angewendet werden (z. B. Konfliktmoderation, Mediation). Vor dem Einsatz empfiehlt sich eine genaue Diagnose des Konflikts, z. B. auf welcher Ebene der Konflikt stattfindet (Person, Team, Abteilung, gesamte Organisation) oder auf welcher Stufe der Konflikteskalation sich die Beteiligten befinden (vgl. auch Kap. 4).

2.3 Methoden

Die wissenschaftliche Begleitung/externe Moderation konzipiert in Absprache mit dem Management die Prozessarchitektur des Veränderungsprozesses. Wie genau der Projektplan am Ende aussieht und welche Verfahren und Aktivitäten konkret zum Einsatz kommen, hängt von verschiedenen Faktoren ab (u. a. von der Analyse des Ist-Zustands, der Zielsetzung, der Konfliktdichte und den zur Verfügung gestellten Ressourcen). Schiermann/Thiel betonen in diesem Zusammenhang, dass die Methoden nicht nur für die identifizierten Themen geeignet sein, sondern auch zum Kulturbetrieb passen müssen. Gleichzeitig sollen sie „durchaus auch einen gewissen Neuheitscharakter aufweisen, um einen Lernanreiz zu schaffen und eine Differenz zum gewohnten Handeln zu signalisieren" (2018, S. 16). Zu den typischen methodischen Formaten gehören (Gairing 2017, S. 167 ff. sowie ausführlich die praxisorientierte Darstellung ab Abschn. 3.3):

- *Großgruppenverfahren:* Im Setting von Großgruppenverfahren erhält eine große Anzahl an Menschen die Möglichkeit in einem gesteuerten und moderierten Prozess, interaktiv und direkt miteinander zu kommunizieren (Dittrich-Brauner et al. 2013, S. 2 ff.). In der Literatur finden sich hierzu unterschiedliche Verfahren; u. a. das *World Café,* dessen Ablauf in Abschn. 3.3 näher beschrieben wird. Die ersten und letzten Veranstaltungen im Rahmen von Organisationsentwicklungsprojekten sind häufig Großgruppenveranstaltungen, da zum Start und Ende von Veränderungsprozessen möglichst viele Mitarbeiter/innen informiert und einbezogen werden sollen.
- *Workshops:* Ein beliebtes Arbeitsformat in Organisationsentwicklungsprozessen sind Workshops. Dabei handelt es sich um eine (kleinere) Gruppe von Beschäftigten, die außerhalb ihrer Routinearbeit in einem begrenzten Zeitrahmen gemeinsam an einem Thema arbeiten. Dieser Prozess sollte grundsätzlich

(extern) moderiert werden (Lipp und Will 2008, S. 13). Im Vergleich zu anderen Formaten (z. B. Trainings) ist die Moderation hier ausschließlich für die Prozessgestaltung verantwortlich, während die Inhaltsverantwortung bei der Workshopgruppe selbst liegt.

- *Teamentwicklung:* Das methodische Format der Teamentwicklung unterstützt neugebildete oder bestehende Arbeitsgruppen dabei, ihre Abläufe und Strukturen zu entwickeln und leistungsfähiger zu machen. Da viele Arbeitsprozesse in Organisationen mittlerweile von Arbeitsgruppen übernommen werden, sollte Teamentwicklung auch eine tragende Rolle in Organisationsentwicklungsprozessen einnehmen.
- *Coaching:* Wie bereits angesprochen, sind Führungskräfte ein wesentlicher Erfolgsfaktor für die erfolgreiche Umsetzung von Entwicklungsprojekten. Derartige Veränderungsprozesse stellen jedoch auch eine hohe Leistungsanforderung an Führungspersonen, weshalb Schiersmann/Thiel sogar ein begleitendes Coaching im Rahmen der Organisationsentwicklung empfehlen (2018, S. 376). Coaching wird als professionelle Beratung und Unterstützung von Personen in Führungs- und Steuerungspositionen definiert (DBVC 2020). Ziel ist es, die Selbstreflexion der Führungskräfte zu fördern, ihre Führungsqualitäten weiterzuentwickeln und diese auf die geänderten beruflichen Rahmenbedingungen auszurichten (Amelung et al. 2018).

Alle der vier vorgestellten methodischen Gestaltungsformate können auch im Rahmen einer Leitbildentwicklung eingesetzt werden. Dieses Instrument der Organisationsentwicklung wird als besonders relevant und geeignet für den Kulturbetrieb erachtet und daher stellvertretend für die verschiedenen anderen Tools der Organisationsentwicklung nachfolgend detailliert und praxisnah vorgestellt.

Leitbilder als Instrument der Organisationsentwicklung

3.1 Ziele, Arten und Funktionen von Leitbildern

Leitbilder sind Selbstbeschreibungen von Organisationen, die nach innen *und* außen wirken. Sie entstehen typischerweise im Rahmen eines intensiven Austauschs zwischen allen oder ausgewählten Organisationsmitgliedern; häufig wird dieser Prozess extern moderiert. Leitbilder, auch als Organisationsgrundsätze oder -leitlinien bezeichnet, sind damit sowohl ein Instrument des *Marketing* von Kulturbetrieben, d. h. sie unterstützen bei der Selbstdarstellung und Markenbildung gegenüber relevanten Anspruchsgruppen (Publikum, Träger, Medien etc.), als auch des *Personal- bzw. strategischen Management,* d. h. sie unterstützen bei der Entwicklung, Planung und Umsetzung der langfristigen, zielorientierten Ausrichtung eines Kulturbetriebs (Löffler 2008, S. 236; Klaußner 2016, S. 1 f.; Hausmann 2021).

In der Kulturbetriebspraxis ist es allerdings verbreitet, dass die Potenziale von Leitbildern zur Außendarstellung überbetont und jene zur Innenwirkung, zur Stärkung des „Wir-Gefühls" unterschätzt werden (u. a. Zech 2008, S. 32). Daher sei hier explizit herausgestellt: „(…) Das Leitbild allein als öffentlichkeitswirksame Hochglanzbroschüre funktioniert nicht. Denn die Wirkung nach außen ist eine Folge der Wirkung nach innen. Erst wenn die Organisation auf den Weg zur beschriebenen Vision gebracht wird, tritt eine Außenwirkung ein" (Genz et al. 2005, S. 20).

Leitbilder sind damit ein nicht zu unterschätzendes internes Koordinations- und Steuerungsinstrument, sie verbinden die *Ist-Identität* mit einem erwünschten *Idealbild* und fördern erwünschtes Verhalten am Arbeitsplatz: So wollen und sollen die Organisationsmitglieder miteinander arbeiten. Sie fungieren als Handlungsrahmen und Kompass oder – anders ausgedrückt – sie stellen das

© Springer Fachmedien Wiesbaden GmbH, ein Teil von Springer Nature 2021
A. Hausmann, *Wirkungsvolle Organisations- und Leitbildentwicklung in Kulturbetrieben,* essentials, https://doi.org/10.1007/978-3-658-33618-9_3

Grundgesetz eines Kulturbetriebs dar, aus dem sich konkrete Maßnahmen ableiten lassen. Die Entwicklung eines Leitbilds steht dabei immer im Spannungsfeld von Altem und Neuem, von Tradition bzw. Vergangenheit und Zukunft. Es ist daher *Ziel* der Leitbildentwicklung und des damit angestoßenen Veränderungsprozesses,

- einerseits Bewährtes, Gut-Funktionierendes zu behalten und
- andererseits Raum für Neues, Besseres (im Hinblick auf das Miteinander-Arbeiten, die Verwendung knapper Ressourcen, die Erreichung des Publikums etc.) zu schaffen.

Dabei ist es einheitliche Meinung in der Literatur (z. B. Löffler 2008, S. 236; Genz et al. 2008, S. 20; Poppelreuter 2018, S. 40 f.), dass bereits der Prozess selbst als Weg bzw. Ziel der Leitbildentwicklung zu verstehen ist, konkret z. B. durch

- die ausführliche Bestandsaufnahme zum Ist-Zustand im Kulturbetrieb,
- das Miteinander-Aushandeln von Erwartungen unter Beteiligung (möglichst) vieler Organisationsmitglieder,
- die Behandlung aufkommender Konflikte und die sachorientierte Einigung auf Kernthemen,
- die Verabschiedung des Leitbilds und die Würdigung der gemeinsamen Arbeit.

Mit Blick auf den *formalen Aufbau* von Leitbildern ist festzustellen, dass sie typischerweise einen kurzen Vorspann haben, in dem erklärt wird, um was es geht, und dass im Weiteren – möglichst prägnant und präzise – die wesentlichen Merkmale, Intentionen und Anspruchsgruppen einer Kulturorganisation beschrieben werden. Der konkrete Umfang bzw. die Länge eines Texts variiert dabei in Abhängigkeit von verschiedenen Faktoren – z. B. grafische Aufbereitung als PDF, gedruckte Broschüre oder reine Textdarstellung auf der Website – zwischen

- einer Seite (z. B. Münchner Philharmoniker, Staatstheater Stuttgart), über
- rund 10 Seiten (z. B. Naturkundemuseum Stuttgart) bis hin zu
- rund 20 Seiten (z. B. Museum Schloss Moyland, Landesmuseum Württemberg).

Im Zusammenhang mit der Länge eines Leitbilds lassen sich im Kulturbereich zwei übergeordnete *Arten* von Leitbildern unterscheiden:

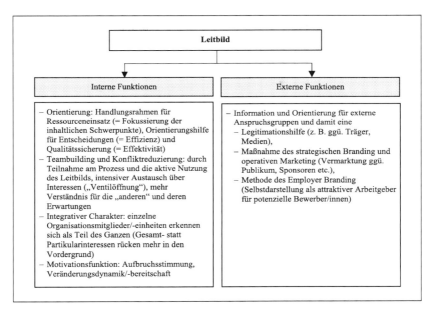

Abb. 3.1 Interne und externe Funktionen von Leitbildern

- eher kurz und allgemein bzw. visionär gehaltene Leitbilder (z. B. Münchner Philharmoniker, Staatstheater Stuttgart) und
- mehr oder weniger konkret ausformulierte Papiere mit operativer Wirkung (z. B. Museum Schloss Moyland, Theater am Schlachthof Neuss, Klassik Stiftung Weimar; alle Beispiele Stand Januar 2021).

Mit Blick auf den Konkretisierungsgrad lässt sich festhalten: Je konkreter ein Leitbild ist, desto mehr *Funktionen* kann es erfüllen. Abb. 3.1 fasst die *internen,* eher personalpolitischen bzw. organisationsbezogenen und *externen,* eher marketingorientierten Funktionen im Überblick zusammen.

3.2 Themen in kulturbetrieblichen Leitbildern

Wie angesprochen und in Abb. 3.2 illustriert, thematisieren Leitbilder eine Reihe von Themen, die sich einerseits auf die interne Situation und andererseits auf

Abb. 3.2 Typische Themenfelder in kulturbetrieblichen Leitbildern

externe Rahmenbedingungen und Anspruchsgruppen beziehen. Unter Berücksichtigung von Auszügen aus Leitbildern der Kulturbetriebspraxis (alle Stand Januar 2021) werden die dort besonders häufig angesprochenen Inhalte nachfolgend näher erläutert. Dabei sei zum einen darauf hingewiesen, dass die Themen eng miteinander verknüpft und daher nicht überschneidungsfrei sind; zum anderen decken die Texte in der Praxis je nach Art und Funktion des Leitbilds (vgl. Abschn. 3.1) zum Teil alle und zum Teil nur einige wenige der im Weiteren genannten Bereiche ab.

Präludium

Um hervorzuheben, dass das Leitbild von innen heraus entwickelt wurde, kann ein gemeinschaftsstärkender Satz vorangestellt werden. Hierzu hat sich etwa das *Staatstheater Kassel* entschieden: „Wir – die Mitarbeiter*innen der Kunst, der Technik, der Werkstätten und der Verwaltung – haben nachfolgendes Leitbild erarbeitet" (https://www.staatstheater-kassel.de/ueber-uns/leitbild/).

1. *Herkunft, Identität, Werte*

Zunächst gilt es den Kulturbetrieb hinsichtlich seines originären „Kerns" zu beschreiben. Dieser ergibt sich aus der Entstehungsgeschichte, den besonderen künstlerischen Erfolgen, der (regionalen, nationalen, internationalen) Bedeutung, einem Weltkulturerbe-Status etc. und er wurde in Kulturbetrieben nicht selten von herausragenden Künstlern/innen bzw. „charismatischen" Persönlichkeiten geprägt, die an dieser Stelle im Leitbild genannt werden können. Falls der Kulturbetrieb über verschiedene Organisationseinheiten (Sparten, Anlagen etc.) verfügt, kann dies hier ebenfalls Erwähnung finden. Aus betriebswirtschaftlicher Sicht formen Herkunft, Identität und Werte das Fundament für die – möglichst unverwechselbare – *Marke* der Kulturorganisation.

Beispiele
„Wir, die Mitarbeiterinnen und Mitarbeiter der Klassik Stiftung Weimar, tragen Verantwortung für wertvolle Zeitzeugnisse aus über 500 Jahren europäischer Geistes- und Kulturgeschichte. Im Zentrum stehen die Weimarer Klassik und die Klassische Moderne mit dem Bauhaus, ausgehend vom Wirken des Herzogtums Sachsen-Weimar und Johann Wolfgang von Goethes. Dieses komplexe Kulturerbe machen wir in unseren Museen, Schlössern, Parks und wissenschaftlichen Einrichtungen mit zeitgemäßen Angeboten erlebbar. Dabei sorgen wir für eine fachgerechte und ökologisch nachhaltige Nutzung der historischen Bau- und Gartendenkmale" (https://www.klassik-stiftung.de/stiftung/profil/leitbild/).
„Wir sind das Staatstheater Kassel mit den Sparten Oper, Konzert, Schauspiel, Tanz und Junges Staatstheater. Wir handeln im gesellschaftlichen Auftrag. Unsere Gemeinschaft ist international und weltoffen" (https://www.staatstheater-kassel.de/ueber-uns/leitbild/).
„Die Münchner Philharmoniker sind ein Orchester von internationalem Rang. Als ‚Orchester der Stadt' spannt sich ihr Tätigkeitsfeld zwischen lokaler, nationaler und internationaler Präsenz, zwischen der Philharmonie im Gasteig und den großen Konzertsälen und Festivals der Welt. Ihr Name steht für eine lange und große Tradition, einen unverwechselbaren Klang sowie für die musikalische Energie und Leidenschaft ihrer Musikerinnen und Musiker. Das Erbe großer Dirigentenpersönlichkeiten und einer

über hundertjährigen Geschichte ist im Klang und Repertoire der Münchner Philharmoniker bewahrt (...)" (https://www.mphil.de/orchester/leitbild.html).

2. *Aufgabe(n), Ziele, Leistungen*

Eng verknüpft mit den vorstehend genannten Inhalten ist der zweite Themenbereich. Alle Kulturbetriebe verfolgen eine oder mehrere übergeordnete Aufgabe(n). In der Privatwirtschaft wird diese von den Eignern/innen bestimmt, öffentlich-rechtliche Kulturbetriebe erfüllen die ihnen von den Trägern vorgegebene Aufgabe (auch Auftrag oder Organisationszweck genannt). Jede Aufgabenerfüllung – und damit jeder Einsatz von knappen Ressourcen – erfolgt dabei mit der Intention, bestimmte Organisationsziele zu erreichen. Während die Aufgabenerfüllung in privatwirtschaftlichen Kulturbetrieben in erster Linie darauf abzielt, Umsatz und Gewinn zu generieren, damit die unternehmerische Tätigkeit auf Dauer abgesichert ist, verfolgen öffentlich geförderte und privat-gemeinnützige Kulturbetriebe an erster Stelle künstlerisch-inhaltliche bzw. kultur- und gesellschaftspolitische Ziele (ausführlich hierzu Hausmann 2019, S. 6 ff.). Ihr Auftrag ergibt sich daher regelmäßig aus Satzungen, Verträgen, Qualitäts- und Leistungsvereinbarungen etc.

Beispiele

„Das Deutsche Meeresmuseum hat den Auftrag, zur Ergründung und Vermittlung dieser globalen und ökologischen Zusammenhänge mit musealen Mitteln beizutragen. Es wirkt auf die Wahrnehmung der globalen und direkten Verantwortung jedes einzelnen Menschen hin" (https://www.deutsches-meeresmuseum.de/stiftung/leitbild/).

Stadtbibliothek Bremen: „Wir fördern als Ort des lebensbegleitenden Lernens die Lese- und Medienkompetenz. Wir unterstützen mit unseren Angeboten die außerschulische und berufliche Aus- und Fortbildung. Wir fördern die spielerische Wissensaneignung in der zunehmenden Konvergenz von Kultur, Spielen und Lernen, das Alltagsmanagement und die kreative Freizeitgestaltung sowie die intra- und interkulturelle Integration" (https://www.stabi-hb.de/ueber-uns/leitbild-der-stadtbibliothek).

> *Staatliches Museum für Naturkunde Stuttgart:* „Im Interesse des Landes Baden-Württemberg und seiner Bürgerinnen und Bürger sowie aus unserem Selbstverständnis fassen wir unseren Auftrag unter dem Motto ‚Evolution von Organismen und Lebensräumen' zusammen. (...) Unser Ziel ist die Bewusstseinsbildung und der verantwortungsbewusste Umgang von Einzelpersonen und unserer Gesellschaft mit Natur und Umwelt" (https://naturk undemuseum-bw.de/fileadmin/downloads/museum/smns-leitbild-2019.pdf).

Aus dem Auftrag bzw. den Organisationszielen lassen sich die konkreten Leistungen ableiten, die am Markt bzw. den relevanten Zielgruppen angeboten werden. Ein Beispiel hierfür findet sich im Leitbild des *Gewandhaus Orchesters Leipzig.*

Beispiele
- „Pflege und Förderung des städtischen Musik- und Konzertlebens, wie es sich aus den Traditionen der Wirkungs- und Standorte ergibt.
- Beschäftigung und Unterhaltung des Gewandhausorchesters, des Gewandhausorganisten und der Gewandhauschöre für eigene Veranstaltungen und Gastspiele.
- Bespielung der Oper Leipzig durch das Gewandhausorchester und Aufführung von Kantaten in der Thomaskirche gemeinsam mit dem Thomanerchor.
- Durchführung von kammermusikalischen Konzerten mit den Ensembles des Gewandhausorchesters, sowie Konzerte unterschiedlicher Genres mit Gästen und Gastensembles in gewandhauseigener Regie.
- musikvermittelnden Aktivitäten jeglicher Art.
- Betreibung des Neuen Gewandhauses als Konzert- und Veranstaltungsstätte" (https://www.gewandhausorchester.de/haus/leitbild/).

3. *Besucher/innen*

In diesem Themenfeld werden Aussagen zu der wichtigsten externen Anspruchsgruppe getroffen, den Besuchern/innen (je nach Art des Kulturbetriebs auch als Publikum, Teilnehmer/innen, Kunden/innen etc. bezeichnet). Diese helfen in privatwirtschaftlichen Kulturbetrieben, Umsatz und Gewinn zu generieren und sind in öffentlichen Organisationen kultur- und gesellschaftspolitisch erwünschte Hauptadressaten allen Wirkens (zu anderen externen Anspruchsgruppen, wie z. B. anderen Kulturbetrieben, den Medien oder Sponsoren, werden Aussagen unter 6. getroffen; zu den Organisationsmitgliedern als interner Anspruchsgruppe finden sich unter 4. Aussagen). In der Kulturbetriebspraxis zeigt sich allerdings, dass die so wichtige Frage nach denen, für die die knappen Ressourcen primär eingesetzt werden, in vielen Leitbildern gar nicht beantwortet wird – oder dass die Antwort regelmäßig breit ausfällt. Damit soll keineswegs der politische Wille negiert werden, dass staatlich geförderte Kultureinrichtungen einer breiten Öffentlichkeit zugänglich sein sollen – andererseits ist es aus Perspektive des Marketing auch Fakt, dass es kaum möglich ist, ein Angebot für „alle" vorzuhalten und dass nur eine Konkretisierung dabei helfen kann, ziel(gruppen)gerichtet zu arbeiten. In jedem Fall ist im Rahmen des Leitbildprozesses darauf zu achten, dass die Themenfelder 2 und 3 aufeinander abgestimmt werden. Je konsequenter bereits die Besucher-/Zielgruppenorientierung bzw. andere Prinzipien des Marketing im Kulturbetrieb umgesetzt werden, desto leichter wird das fallen (vgl. hierzu auch Tab. 3.3).

Beispiele

„Das Naturkundemuseum Stuttgart steht als Einrichtung des Landes Baden-Württemberg allen Menschen offen" (https://www.naturkundemuseum-bw.de/sites/default/files/ueber-uns/2019_leitbild_deutsch.pdf).

Deutsches Meeresmuseums: „Das Museum richtet sich an Einheimische wie Gäste, an alle Altersgruppen und soziale Schichten. Seine Angebote sind vor allem für Laien gedacht. Insbesondere seine Veranstaltungen, Publikationen und Forschungsprojekte machen das Museum auch für Fachpublikum interessant" (https://www.deutsches-meeresmuseum.de/stiftung/leitbild/).

„Das Theater Baden-Baden als Theater der Stadt ist ein öffentlicher Ort der Kommunikation und des Austauschs: Die in den Inszenierungen angelegte Auseinandersetzung mit vergangener und gegenwärtiger Realität wirft Fragen auf, die über den Theaterabend hinausreichen. Den Rahmen für Begegnungen bieten Sonderveranstaltungen wie Publikumsgespräche und Debattenformate. Eine besondere Bedeutung in der Vermittlung kommt der Theaterpädagogik zu. Diese richtet sich gleichermaßen an Schüler wie auch an Erwachsene. Aufführungen sehen und sich selbst im Workshop erproben ermöglicht eine Bildung, die über das Lernen von Fakten hinausgeht und die (Selbst-)Reflexion hervorruft und erweitert" (https://www.theater-baden-baden.de/das-haus/leitbild).

4. *Zusammenarbeit und Führung*

Der Erfolg bei der Aufgabenerfüllung und Zielerreichung hängt davon ab, unter Maßgabe welcher Grundsätze die einzelnen Mitarbeiter/innen, verschiedenen Abteilungen und möglicherweise unterschiedlichen Sparten eines Kulturbetriebs miteinander arbeiten. In diesem Themenfeld werden daher Aussagen darüber getroffen, welche Organisationskultur gewünscht ist bzw. durch welches Verhalten, welche Leitlinien des Zusammenarbeitens und welche Prozessgestaltung eine gewünschte Organisationskultur erreicht werden soll. Im Vordergrund steht häufig der Umgang mit Informationen und die Art und Weise der Kommunikation.

Beispiele

Theater am Schlachthof Neuss: „Alle Mitarbeiter und Ensemblemitglieder schaffen eine Atmosphäre, in der sich Gäste und Künstler wohlfühlen können. Eine adäquate interne Kommunikation, ein kollegialer, fairer Umgang miteinander und ein übersichtliches Organigramm bilden die Grundlage der Zusammenarbeit" (https://www.neuss.de/kultur/theater/theater-am-schlachthof/konzept-und-info).

Staatsbibliothek Berlin: „Die Mitarbeiterinnen und Mitarbeiter erbringen die Dienstleistungen der Staatsbibliothek zu Berlin mit hoher Professionalität. Sie setzen Änderungen in der beruflichen Praxis und technische Innovationen aktiv um. Sie werden unter Berücksichtigung ihrer Fähigkeiten und dienstlichen Aufgaben gefördert und gefordert. Schulungsangebote im eigenen Haus und Mittel für die Fort- und Weiterbildung außer Haus werden regelmäßig bereitgestellt. (...) Verlässlichkeit und Vertrauen bestimmen das Verhältnis der Mitarbeiterinnen und Mitarbeiter untereinander" (https://staatsbibliothek-berlin.de/die-staatsbibliothek/portraet/leitbild/?wa=IPEMBI19).

Staatstheater Kassel: „(...) Zwischen den Abteilungen Kunst, Technik, Werkstätten und Verwaltung fördern wir das Verständnis für die

spezifischen Anforderungen der jeweiligen Aufgaben und pflegen den regel-
mäßigen Austausch in vertraulicher Atmosphäre" (https://www.staatsthe
ater-kassel.de/ueber-uns/leitbild/).

Da ein gelingendes Miteinander der Beschäftigten in hohem Maße von den
Führungskräften und ihrem Führungsverhalten abhängt (u. a. Hausmann 2019,
S. 9 ff.), wird in diesem Themenbereich häufig auch auf die Führungskultur im Haus eingegangen. Solche Grundsätze zur gelingenden Ausgestaltung
der (Arbeits-)Beziehungen zwischen Führungskräften und sonstigen Beschäftigen
können im Leitbild natürlich nur kursorisch angeführt werden. Es kann daher im
Kontext des Entwicklungsprozesses oder in dessen Nachgang sinnvoll sein, ein
ergänzendes Set von stärker konkretisierten *Führungsprinzipien* auszuarbeiten.

Beispiele
Museum Schloss Moyland: „Führung verstehen wir als Vorgabe eines Ori-
entierungsrahmens, der eigenverantwortlich und kreativ gestaltete Arbeitsabläufe fordert. Wir erkennen Leistung gegenseitig an und lassen Kritik zu.
Dadurch ist unsere Arbeit von hoher Motivation und Zufriedenheit getra-
gen" (https://www.moyland.de/fileadmin/Presse/Leitbild_komplett.pdf).
Staatliches Museum für Naturkunde Stuttgart: „Wir legen Wert auf einen
professionellen, kooperativen Führungsstil auf allen Ebenen. Darunter verstehen wir die Aufgabe aller Führungskräfte, die Mitarbeitenden hinsichtlich ihrer Leistung, Kompetenzen und persönlichen Fähigkeiten zu fordern
und zu fördern. Mitarbeiterbeteiligung und eigenverantwortliches Handeln
haben für uns einen hohen Stellenwert. Durch ein offenes Informations- und
Kommunikationsverhalten sorgen wir auf allen Ebenen für Transparenz und
Nachvollziehbarkeit von Vorgängen und Entscheidungen" (https://naturk
undemuseum-bw.de/fileadmin/downloads/museum/smns-leitbild-2019.pdf).

5. *Ressourcen und Nachhaltigkeit*

In engem Kontext mit dem vorgenannten Themenschwerpunkt finden sich in
zunehmend mehr Leitbildern Aussagen zum Umgang mit knappen Ressourcen.
Hier geht es zum einen um das in Kulturbetrieben immer virulente Thema Finan-
zen und Wirtschaftlichkeit sowie zum anderen aber auch um den Umgang mit der

Ressource Personal – bzw. damit in Zusammenhang stehenden, aktuellen gesellschaftspolitisch relevanten Themen (Diversität, Bedeutung von Gender etc.) – und den nachhaltigen Umgang mit endlichen Ressourcen.

Beispiele

„Das Theater Erlangen bemüht sich um Diversität und stellt sich gegen jede Form von Rassismus und Diskriminierung. Wir streben als Einzelne und als Institution im Rahmen unserer Möglichkeiten ein nachhaltiges, ressourcenschonendes und umweltfreundliches Handeln an" (https://www.theater-erl angen.de/de/haus/leitbild).

Museum Niederösterreich: „Wir haben uns auch als Museum mit den Themen Energie- und Klimaeffizienz sowie Nachhaltigkeit beschäftigt und bereits vorhandene Stärken und Verbesserungsmöglichkeiten erhoben. In Bereichen, in denen wir bessere Ergebnisse erzielen können, werden wir unser Potential ausschöpfen und alles daran setzen, diesem Leitsatz gerecht zu werden" (https://www.museumnoe.at/de/das-museum/Leitbild/Leitbild).

6. *Kooperationen und Partnerschaften*

Unter 3. sind mit den Besuchern/innen bereits die wichtigsten externen Anspruchsgruppen von Kulturbetrieben genannt worden. Zu den weiteren externen Gruppen gehören u. a. die allgemeine Öffentlichkeit, Medien, (Kultur-)Politik, aber auch andere Kultur- und Bildungsorganisationen, Künstler/innen etc., wie das Beispiel *Staatliches Museum für Naturkunde Stuttgart* zeigt, in dessen Leitbild recht detailliert hierauf Bezug genommen wird.

Beispiele

„Mit unserer Kompetenz und Infrastruktur erbringen wir Leistungen für:
- die nationale und internationale Forschergemeinschaft, wissenschaftliche Netzwerke, Fachverbände, Universitäten und andere Forschungseinrichtungen
- Aus- und Weiterbildung von Studierenden, Wissenschaftlerinnen und Wissenschaftlern, Lehrenden und Vermittelnden, Präparatorinnen und Präparatoren
- Schulen und andere Bildungseinrichtungen

- unsere Zweigmuseen, die wir inhaltlich beraten und unterstützen
- Museen, mit denen wir im Forschungs- und Ausstellungsbereich kooperieren
- Behörden, Publikationsorgane, wissenschaftliche Gremien und Unternehmen, die wir beraten und für die wir Gutachten erstellen
- die mit uns kooperierenden Sammlerinnen und Sammler und die naturkundlichen Vereine, die dem Museum angeschlossen sind
- Veranstalter und Mieter, die unsere Räumlichkeiten für Feierlichkeiten, Tagungen und Konferenz nutzen"
- (https://www.naturkundemuseum-bw.de/sites/default/files/ueber-uns/2019_leitbild_deutsch.pdf).

Mit Blick auf die öffentlich-rechtlichen und privat-gemeinnützigen Kulturbetriebe ist es zusätzlich wichtig, eine gute Zusammenarbeit mit den Trägern (z. B. Kulturamt, Verein), Kontrollgremien (z. B. Kuratorium) oder anderen Unterstützern (z. B. Freundeskreis, Sponsoren) zu pflegen und ihre Bedeutung für die Arbeit im Kulturbetrieb auch durch eine Erwähnung im Leitbild zu unterstreichen.

Museum Schloss Moyland: „Damit wir unsere Ziele erreichen, kooperieren wir nach innen und außen. Wir treffen uns regelmäßig innerhalb der Abteilungen sowie übergreifend und pflegen einen kontinuierlichen Austausch mit der Museumsleitung sowie den Mitgliedern des Vorstandes und des Kuratoriums. Darüber hinaus arbeiten wir eng mit unseren ständigen Partnern, dem Förderverein Museum Schloss Moyland, dem Kreis Kleve und der Gemeinde Bedburg-Hau, zusammen und kooperieren mit unseren externen Partnern aus Kultur, Wissenschaft und Bildung sowie Wirtschaft und Politik auf nationaler und internationaler Ebene. Ein weitgespanntes Netzwerk aus institutionellen und persönlichen Kontakten dient uns als dynamisches Instrument des Austausches und der vertrauensvollen Zusammenarbeit" (https://www.moyland.de/fileadmin/Presse/Leitbild_komplett.pdf).

7. Blick in die Zukunft (Vision)

In diesem Themenfeld werden Antworten auf die Frage gegeben, in welche Richtung sich der Kulturbetrieb entwickeln soll. Ganz grundsätzlich gehört es zu einer der wichtigsten Aufgaben von Führungskräften, die Zukunft im Blick zu behalten. Eine laufende Beobachtung von Umwelt, Wettbewerb und Nachfrage hilft dabei, Veränderungen, die auf die eigene Leistungserstellung und den eigenen Markterfolg Einfluss nehmen können, möglichst frühzeitig zu erkennen. Dies ist eine anspruchsvolle Aufgabe, denn die Zukunft ist grundsätzlich ungewiss und wirtschaftliche, gesellschaftliche etc. Rahmenbedingungen verändern sich immer dynamischer. Und so ist es nicht überraschend, dass ein solcher Blick in die Zukunft nur in wenigen Leitbilder zu finden ist.

Staatstheater Kassel: „Unserer Verantwortung als Mehrspartenhaus mit überregionaler Ausstrahlung möchten wir auch in Zukunft gerecht werden. Dabei wollen wir nicht nur gut unterhalten. Theater vermittelt Bildung und Empathie. Es ist der Ort, an dem die Identität unserer Gesellschaft verhandelt wird. Die zunehmende Intoleranz gegenüber anderen Meinungen und die Vereinfachung von Sachverhalten sind bedrohlich. Daher werden wir noch stärker daran arbeiten, niemanden von der kulturellen Teilhabe auszuschließen. Die Notwendigkeit unserer Arbeit sollte sich in der langfristigen Sicherung unserer wirtschaftlichen Verhältnisse durch unsere Träger widerspiegeln" (https://www.staatstheater-kassel.de/ueber-uns/leitbild/).

3.3   Verfahren und Beteiligung Externer

Direkt zu Beginn der Leitbildentwicklung gilt es die folgenden beiden Fragen zu klären:

- Welches *Verfahren* ist für einen bestimmten Kulturbetrieb und seine spezifische Ausgangssituation am besten geeignet?
- Soll der Prozess in Eigenregie oder extern *moderiert* werden?

Die hierauf gefundenen Antworten entscheiden maßgeblich über den Verlauf der Leitbildentwicklung, weshalb hierzu nachfolgend einige Hinweise gegeben werden.

1. *Verfahren der Leitbilderstellung*

Die in der Praxis am häufigsten gewählten Verfahren zur Entwicklung eines Leitbilds unterscheiden sich v. a. im Hinblick auf die folgenden Merkmale (ausführlich z. B. Genz et al. 2005, S. 15 ff.; Klaußner 2016, S. 13 ff.):

• Zeitpunkt der Einbeziehung der Beschäftigten und
• Art und Weise (bzw. Umfang) dieser Einbeziehung.

Expertenmodell (Top Down-Verfahren)
Bei diesem Verfahren wird das Leitbild von den Führungskräften eines Kulturbetriebs (z. B. Geschäftsführung und Abteilungsleitung) zunächst allein entwickelt – ggf. unter Einbeziehung externer Organisationsberater/innen oder Kommunikationsagenturen – und den Beschäftigten nachgeordneter Hierarchieebenen später zur Diskussion vorgelegt. Wenngleich dieses Verfahren aufgrund der begrenzten Zahl aktiv Mitwirkender über Vorteile hinsichtlich der Effizienz des Prozesses verfügt, so ergeben sich gleichzeitig Nachteile hinsichtlich seiner Effektivität. Das im Entwicklungsprozess explizit erwünschte „Wir-Gefühl" wird auf diese Weise nicht gefördert; die nur passiv berücksichtigten Beschäftigten werden vielfach – v. a. im diskursorientierten Kulturbereich – den fehlenden Einfluss und die Möglichkeit zur aktiven Mitwirkung bemängeln, sodass das Leitbild im Weiteren auch nicht angenommen und „gelebt" wird. Zudem bleibt eine „einmalige Gelegenheit" (Genz et al. 2005, S. 15) ungenutzt, Raum und Zeit für das Aushandeln, für Kompromisse und für die Ausgestaltung einer gemeinsamen Zukunft zu schaffen.

Beteiligungsmodell (Bottom Up-Verfahren)
Im Mittelpunkt steht die breite Beteiligung und Verantwortung der Organisationsmitglieder, d. h. möglichst viele Beschäftigte werden von Beginn an aktiv in den Prozess einbezogen; die Identifikation mit dem Prozess steigt durch diese *partizipative Leitbildentwicklung* in der Regel erheblich. Poppelreuter (2018, S. 40) spricht daher auch vom Königsweg oder Idealbild einer Leitbilderstellung. Gleichzeitig bleibt die Bedeutung der Führungskräfteebene hoch – ihre aktive Teilnahme und durchgängige Unterstützung gilt als *der* zentrale Faktor für den Projekterfolg. Es lassen sich folgende Varianten hinsichtlich des konkreten Ausmaßes der Beteiligung unterscheiden:

a Großgruppenmodell mit Beteiligung *aller* Beschäftigten

Unter Berücksichtigung der Größe bzw. Mitarbeiterzahl eines Kulturbetriebs, der verfügbaren Ressourcen (v. a. Zeit und Budget) und weiterer Parameter (Organisationskultur, Prozessziele etc.) ist zu überlegen, ob alle Beschäftigten an der Leitbildentwicklung mitwirken sollen. Diese Version des Bottom up-Verfahrens, dessen Ablauf in Abschn. 3.4 ausführlich vorgestellt wird, ist damit maximal partizipativ: Kein Mitglied fühlt sich ausgeschlossen bzw. alle Organisationseinheiten fühlen sich repräsentiert und es erhöht sich die Wahrscheinlichkeit, dass das erarbeitete Leitbild akzeptiert wird. Klaußner (2016, S. 16) unterstreicht dabei: „Je wichtiger die nach innen gerichtete Funktionen eines Leitbildes sind, desto umfassender sollten die Organisationsmitglieder an der Leitbildentwicklung beteiligt werden". Gleichzeitig besteht jedoch eine enorme Herausforderung den Prozess effizient zu steuern, weil nicht nur viele Meinungen gehört und heterogene Partikularinteressen verhandelt, sondern u. U. auch einige Konflikte moderiert werden müssen (vgl. Kap. 4). Bis zu welcher Mitarbeiterzahl eine (dauerhafte) Beteiligung der gesamten Belegschaft in Betracht gezogen werden kann, hängt immer auch davon ab, wie viele Personen den Prozess (extern) begleiten (Klaußner 2016, S. 46 spricht von bis zu 150 Organisationsmitgliedern, die Autorin selbst würde sich auf eine Zahl im mittleren zweistelligen Bereich beschränken).

b)   Projektgruppenmodell mit *repräsentativer* Beteiligung

Je größer der Kulturbetrieb ist und desto geringer die zur Verfügung stehenden Ressourcen sind, desto häufiger wird eine Projektgruppe gebildet, die aus Mitgliedern verschiedener Berufsgruppen, Tätigkeitsbereiche und Hierarchieebenen besteht (hinzukommen u. U. Gremienvertreter/innen, Personal-/Betriebsratsmitglieder, Gleichstellungsbeauftragte etc.). Die Erarbeitung der Leitbildinhalte kann dann holzschnittartig wie folgt ablaufen (auch Genz et al. 2005, S. 35 f.; Poppelreuter 2018, S. 43; Klaußner 2016, S. 14 f.):

– Zunächst wird im Rahmen eines moderierten Kick-Off-Workshops das Projekt gestartet. Zu diesem Termin können alle Organisationsmitglieder eingeladen werden und sich einbringen (Klärung von Fragen, Vorschlag von Themen etc.). Im Vordergrund steht die Einstimmung auf den Prozess und die Identifikation relevanter Themen in der Organisation.
– Spätestens zu diesem Termin wird eine interdisziplinäre Projektgruppe gebildet, die den Auftrag erhält, das Leitbild zu erarbeiten. Parallel kann eine Mitarbeiterbefragung gestartet werden, in der die übrigen Beschäftigten zu den

Werten etc. der Organisation befragt werden oder es wird mithilfe eines Work-shops oder World Café-Verfahrens (vgl. Tab. 3.1) eine begrenzte Beteiligung an den Leitbildinhalten ermöglicht.

– Liegt ein erster Entwurf vor, so sollte dieser über Intranet, Meetings etc. der Gesamtbelegschaft zur Kenntnis und Rückkopplung gegeben werden. Alternativ schlägt Poppelreuter (2018, S. 43) vor, eine zweite repräsenta-tive Projektgruppe zu bilden, die den Entwurf diskutiert, weiterbearbeitet und

Tab. 3.1 Bewährte Verfahren für Projektgruppen unterschiedlicher Größe

Duett-Verfahren (Aufsteigende Methode)	World-Café-Verfahren
• Die Methode der aufsteigenden Erarbeitung von Inhalten kann sich für kleinere Kulturbetriebe anbieten und für Entwicklungsprozesse, in denen nicht unbedingt eine externe Moderation hinzugezogen werden soll – dadurch wird allerdings eine stark moderierende Funktion der Führungskräfte erforderlich (u. a. Zech 2008, S. 34 f.) • Bei diesem Verfahren werden vorgegebene Fragen der Leitbildentwicklung zunächst von jedem der involvierten Beschäftigten individuell angegangen, bevor dann in Zweiergruppen ein Abgleich und „Finetuning" der solcherart erarbeiteten Ergebnisse vorgenommen wird • Diese Gruppen kommen dann in Vierergruppen usw. zusammen, um die in der jeweils kleineren Gruppe erarbeiteten Ergebnisse abzugleichen und in der neuen größeren Gruppe auf einen gemeinsamen Nenner zu bringen • Am Ende gibt es nur noch zwei Gruppen mit zwei Leitbildentwürfen, die sich erneut einigen müssen und dann als eine gemeinsame Gruppe die finale Version des Leitbilds verabschieden	• Auch beim World-Café wird der Entscheidungsprozess in mehreren Runden vollzogen; das Verfahren ist für kleinere Gruppen genauso geeignet wie für größere (ausführlich u. a. Schiersmann undThiel 2018, S. 112 ff.) • Eine begrenzte Zahl an Mitarbeitern/innen (4 bis 8) findet sich an verschiedenen im Raum verteilten Tischen zusammen und diskutiert in lockerer, informeller (Kaffeehaus-)Atmosphäre für ca. 20 bis 40 min die pro Tisch relevante Fragestellung; • Ziel ist ein kooperativer Dialog und eine aktive Partizipation. Die hierbei entstehenden Ideen zur Leitbildentwicklung werden notiert • Nach Ablauf einer gewissen Zeit wechseln die Teammitglieder bis auf eine Person an andere Tische, wo andere Fragen zur Leitbildentwicklung gestellt oder bereits entstandene Ideen aufgegriffen und weiterdiskutiert werden • Das jeweils am Tisch verbliebene Mitglied führt die neu hinzukommenden Personen in die bisherigen Erkenntnisse ein und notiert im Gegenzug neue Anregungen und Impulse • Die wichtigsten Ergebnisse werden zwischendurch oder abschließend, z. B. nach drei Runden im Plenum präsentiert, diskutiert und zusammengefasst (Metaplantechnik)

finalisiert. Ggf. wird dieser innerhalb einer Frist für die organisationsinterne Öffentlichkeit „ausgelegt".

– Die Gesamtorganisation wird dann noch einmal einbezogen, wenn das fertige Leitbild offiziell vorgestellt und verabschiedet wird, z. B. im Rahmen eines feierlichen Rituals (Personalversammlung, Sommerfest etc.).

Gegenüber dem Großgruppenmodell entsteht solcherart ein Leitbild, dass zwar nicht „basisdemokratisch", aber dennoch unter Einbezug verschiedener Interessengruppen entwickelt wurde. Voraussetzung für die Akzeptanz einer solchen limitierten Beteiligung ist allerdings zum einen, dass frühzeitig deutlich gemacht wird, in welcher Form sich die anderen Organisationsmitglieder dennoch einbringen können (z. B. Teilnahme an Vollversammlungen, schriftliche Einbringung von Ideen oder Teilnahme an einer Mitarbeiterbefragung). Darüber hinaus ist hier die *interne Kommunikation* von immenser Bedeutung: Nur wenn es die Projektgruppe schafft, Entwicklungen, Herausforderungen, Kompromisse etc. kontinuierlich in die Gesamtorganisation zu vermitteln (und Rückkopplungen aufzunehmen), kann es gelingen, auch die nicht unmittelbar Beteiligten interessiert zu halten und offen für Umsetzungsvorschläge.

2. *Beteiligung Externer*

Die Entscheidung zur Einbeziehung externer Personen, die die Leitbildentwicklung mit ihrer Fach- und Prozessexpertise moderierend begleiten, wird im Wesentlichen von folgenden Kriterien beeinflusst:

- Erfahrung und Kompetenz des Kulturbetriebs (z. B. beim Einsatz strategischer Managementinstrumente, der Steuerung gruppendynamischer Prozesse),
- Größe des Kulturbetriebs bzw. Anzahl und Heterogenität der Beschäftigten,
- Ausgangssituation/Organisationskultur (z. B. seit Langem schwelende Konflikte, geringer oder hoher Veränderungswille),
- Budget und ggf. Willen der Träger.

Fakt ist allerdings auch, dass „die Erstellung von Leitbildern tatsächlich außerordentlich zeitaufwendig ist und Kompetenz bei der Steuerung gruppendynamischer Prozesse erfordert" (Löffler 2008, S. 239). Die in Tab. 3.2 aufgeführten Vorteile einer externen Moderation können daher selbst in betriebswirtschaftlich gut geführten Kulturbetrieben von Interesse sein. Andererseits ist nicht von der Hand zu weisen, dass die Budgets in Kulturbetrieben knapp sind und eine gute Moderation ihren Preis hat. Häufig wird der Träger ein Wort mitsprechen

Tab. 3.2 Vor- und Nachteile einer externen Moderation

+	−
• Allparteilichkeit und Neutralität (kann konfliktreduzierend und beruhigend auf die Organisation/Beschäftigten wirken) • Unabhängigkeit bzw. keine persönliche Betroffenheit (von Konflikten, Ressourcenverteilung etc.), dadurch höhere Sachorientierung und Ausgleich von Machtasymmetrien möglich • Methodenkompetenz i. d. R. höher (Großgruppenmoderation, Verfahrensgrundsätze etc.) • Erfahrung aus Projekten mit anderen (Kultur-)Organisationen (verhindert „Betriebsblindheit", ggf. werden noch andere schwelende Probleme aufgedeckt) • „Container" und Projektionsfläche für Vorwürfe etc., die sonst andere Organisationsmitglieder treffen würden	• Finanzielle Belastung (Beratungshonorare) • Keine spezifische Organisationskenntnis, muss sich erst in den Kulturbetrieb einarbeiten (u. U. Zeitverlust, Missverständnisse möglich) • Fehlender „fit" zwischen Moderation und Organisation oder Schwächen in der Prozesskompetenz können bestehende Probleme verschärfen

wollen, inwiefern Finanzmittel für solche Zwecke verwendet werden dürfen. In manchen Fällen können Freundeskreise oder andere langjährige Unterstützer/innen dafür gewonnen werden, einen finanziellen Beitrag zu leisten, damit der Veränderungsprozess professionell begleitet werden kann.

Abschließend sei an dieser Stelle herausgearbeitet, dass im Weiteren von einer *Prozessmoderation* die Rede ist, d. h. die Externen sorgen für die *Strukturierung* des Prozesses, greifen aber nicht inhaltlich ein und lassen sich auch dann nicht dazu verführen, das Leitbild für den Kulturbetrieb zu formulieren, wenn innerhalb der Organisation Tendenzen deutlich werden, sich aus der Eigenverantwortung nehmen zu wollen.

3.4   Prozessablauf der Leitbilderstellung

Der Prozess einer Leitbilderstellung umfasst verschiedene Phasen, die in Abhängigkeit vom gewählten Verfahren variieren. Der in Abb. 3.3 dargestellte Ablauf orientiert sich an dem o. g. Bottom Up-Verfahren (Großgruppenmodell mit allen Beschäftigten und externer Moderation) und geht von einem kleinen bis mittelgroßen Kulturbetrieb aus (für Prozesse in größeren Organisationen vgl. z. B.

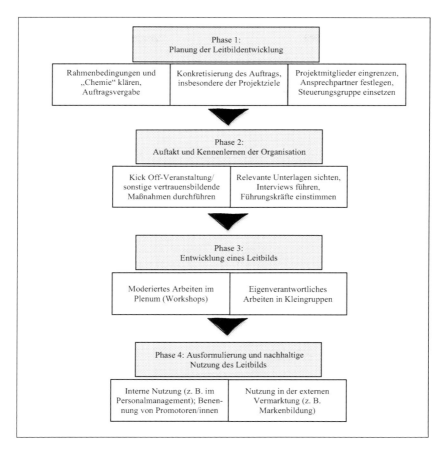

Abb. 3.3 Prozessphasen der Leitbildentwicklung

Klaußner 2016, S. 98 ff.). Er ist als *idealtypisch* zu verstehen, weil in der Praxis grundsätzlich auf besondere Rahmenbedingungen eines Kulturbetriebs eingegangen, aber z. B. auch auf Entwicklungen in einem laufenden Prozess flexibel reagiert werden muss.

3.4.1 Planung der Leitbildentwicklung

Die Leitbildentwicklung wird annahmegemäß von der ersten Hierarchieebene eines Kulturbetriebs initiiert, z. B. durch den Direktor eines Museums, der Leiterin eines Kulturamts oder dem Vorstand eines Kulturvereins. Häufig geschieht dies in Absprache mit dem Träger, Kuratorium, Beirat oder anderen kulturbetriebstypischen Entscheidungs- bzw. Beratungsgremien. Damit ist ein zentraler Erfolgsfaktor der Leitbildentwicklung erfüllt, nämlich dass das Projekt die Unterstützung und Ressourcenzuweisung durch die oberste Führungsebene bekommt. In dieser ersten Phase geht es zunächst darum, zu prüfen, ob der Kulturbetrieb und die externen Experten/innen zusammenpassen und letztere die erforderliche Expertise für die Prozessberatung besitzen. Gleichzeitig ist aufseiten des Kulturbetriebs sicherzustellen, dass

- die eigenen Vorstellungen von einem Leitbildprojekt bzw. seinen Auswirkungen realistisch sind und geklärt ist, welche Funktionen das Leitbild primär erfüllen soll (interne und/oder externe),
- eine entsprechende (offene, diskursive etc.) Organisations- und Führungskultur vorhanden und die Konfliktdichte im Kulturbetrieb nicht zu hoch ist,
- ein möglicherweise bereits bestehendes Leitbild und seine (Nicht-)Nutzung reflektiert wird (inkl. eines eventuell bereits gescheiterten Leitbildprozesses),
- es keine „hidden agenda" gibt, also Themen oder Positionen, die die Geschäftsführung im Leitbild enthalten sehen möchte (was nicht ideal, aber prinzipiell möglichst ist, dann jedoch früh offengelegt werden muss),
- die eingeplanten Ressourcen (Budget, Zeitrahmen, Freistellung von Personal für Teilnahme am Projekt etc.) ausreichend sind.

Beide Parteien sollten darüber hinaus prüfen, ob die *„Chemie"* zwischen ihnen stimmt, sodass auch schwierigere Prozessphasen in konstruktivem Miteinander überstanden werden können.

Nach der Auftragsvergabe wird ein weiterer vorbereitender Gesprächstermin zwischen Auftraggebern und externer Moderation sinnvoll sein. Die im Angebot häufig noch grob umgerissenen Projektbestandteile sind nunmehr zu konkretisieren. Dabei sollte auch noch einmal ein Blick auf die *Projektziele* und den mit der Leitbildentwicklung angestrebten *Nutzen* für die Gesamtorganisation geworfen werden; eine schriftliche Fixierung von beidem ist zu empfehlen. Es ist wichtig, dass zwischen den Beteiligten Einverständnis über die Ziele herrscht, denn sie dienen im Laufe des Prozesses als Kompass und abschließend zur Evaluation des Projekts. Des Weiteren ist zu klären, inwieweit vertrauliche Unterlagen des Kulturbetriebs an die Externen zu übergeben sind und es werden verbindliche Termine für die nächsten Schritte (Interviews, Workshops etc.) vereinbart. Letzteres ist sinnvoll angesichts der Tatsache, dass der Leitbildprozess regelmäßig eine Vielzahl von Personen involviert und dass Zeit bei allen Beteiligten ein knappes Gut darstellt. Je eher eine Orientierung diesbezüglich möglich ist, desto besser (Verpflichtungen, wie z. B. Teilzeit-/Homeoffice-Regelungen oder auswärtige Gastspiele sind entsprechend zu berücksichtigen, damit möglichst alle, die wollen, auch tatsächlich teilnehmen können).

Last but not least wird es häufig sinnvoll sein, eine *Ansprechperson* im Kulturbetrieb zu benennen, die den laufenden Prozess unterstützt, z. B. in dem sie Termine koordiniert und als Schnittstelle zwischen den externen Experten/innen und dem Kulturbetrieb bzw. seiner Geschäftsführung fungiert. In Abhängigkeit von der Organisationsgröße kann es dabei auch sinnvoll sein, eine *Steuerungsgruppe* mit mehreren Personen einzurichten, die den Prozess als interne Promotoren/innen begleiten und auch in herausfordernden Situationen die Akzeptanz und das Engagement aufseiten der Beschäftigten positiv beeinflussen (Wiesbauer 2014, S. 108). Da Mitbestimmung bzw. die Berücksichtigung möglichst vieler Meinungen grundsätzlich zwar eine schöne Sache ist, gleichzeitig aber auch die knappen Ressourcen (Personal, Zeit, Geld für Beraterhonorare etc.) so eingesetzt werden müssen, dass am Ende ein Projektergebnis (hier: Leitbild) steht, kann es sinnvoll sein die Ansprechperson bzw. Steuerungsgruppe offiziell mit Befugnissen auszustatten, die andere Beteiligte nicht haben und die es ermöglichen, das Projekt voranzutreiben, zu „beschützen" und auch nachhaltig umzusetzen (Genz et al. 2005, S. 21).

3.4.2 Auftakt und Kennenlernen des Kulturbetriebs

Nach der Auftragsklärung geht es für die Externen darum, den Kulturbetrieb näher kennenzulernen. Zunächst werden dazu relevante betriebsinterne Unterlagen gesichtet (Organigramme, Führungsgrundsätze, Zielvereinbarungen, Besucherbefragungen etc.), an die sich Interviews mit ausgewählten Organisationsmitgliedern anschließen können. Geeignete Interviewpartner/innen sind neben den Beschäftigten weitere interne Stakeholder, wie z. B. Vertreter/innen des Trägers oder sonstige Gremienmitglieder (Vorstand, Kuratorium, Aufsichtsrat, Freundeskreis etc.). Letztere sind u. U. insgesamt in den Prozess einzubeziehen, z. B. wenn sie an Workshops teilnehmen wollen oder die Kompetenz haben, das Leitbild formal zu verabschieden.

In zeitlicher Hinsicht sollten die Interviews zügig nach der Auftragserteilung stattfinden. Auf diese Weise bekommt der in jeder Organisation vorhandene „Flurfunk" möglichst wenig Gelegenheit, falsche Informationen über das Projekt zu verbreiten. Es kann vor diesem Hintergrund sinnvoll sein, bereits kurz nach der Auftragsvergabe bzw. zum Start der Interviews zu einer Auftaktveranstaltung („Kick Off") mit Informationen zu

- der Rolle und den Aufgaben der externen Prozessberatung,
- den Funktionen und Wirkungen von Leitbildern,
- dem weiteren Prozessablauf bzw. der Prozessarchitektur und
- den Prozesszielen und Chancen, aber auch den Herausforderungen für die Gesamtorganisation (Zeitaufwand, Kontrollverlust etc.).

durch die Geschäftsführung einzuladen; dies schafft Transparenz und wirkt vertrauensbildend. Bei dieser Gelegenheit sollte auch auf die *Prämissen* für einen erfolgreichen Leitbildprozess hingewiesen werden (Klaußner 2016, S. 53 f.):

- Möglichst breite, gleichzeitig freiwillige Beteiligung,
- Schaffung entsprechender Freiräume für die (zeitintensive) Mitarbeit am Leitbild,
- Ergebnisoffenheit innerhalb gegebener Leitplanken (z. B. Auftrag, Satzung),
- Transparenz hinsichtlich der Struktur des Prozesses und den (Zwischen-)Ergebnissen,
- (externe) Moderation zur Einhaltung der Verfahrensgrundsätze,
- Erwünschtheit von realistischen Erwartungen und sachlichen Kontroversen,
- Heterogenität der Arbeitsgruppen als methodisches Prinzip,
- Flexibilität im Prozess und Grundverständnis: „Weg als Ziel".

Für eine möglichst zielgerichtete, interdisziplinäre Auswahl der Interviewpartner/innen eignen sich Kriterien wie z. B. Hierarchieebenen, Funktionen und Tätigkeitsbereiche. Sind die Gesprächspartner/innen gefunden, so wird es in den Interviews insbesondere um folgende Themenfelder gehen:

- Falls es keine Auftaktveranstaltung gab: Kurzbeschreibung der Gesprächs- und Projektziele sowie Ausblick auf den weiteren Prozessablauf (inklusive eines realistischen Zeitpunkts der Fertigstellung des Leitbilds),
- organisationsinterne Rahmenbedingungen (Stärken/Schwächen, z. B. bei der Zusammenarbeit und Aufgabenerfüllung),

- organisationsexterne Rahmenbedingungen (Risiken/Herausforderungen, z. B. bei der Finanzierung oder Nachfrage),
- sonstige Anmerkung des/der Interviewten (zur Organisation allgemein, zum Prozess im Besonderen).

Die Interviews dienen neben der Beschaffung von u. U. sensiblen Informationen, die im Plenum ansonsten nicht geäußert würden (z. B. zur Führungskultur), insbesondere dazu, Vertrauen in den weiteren Prozess herzustellen. Hierzu gehört auch, den Beschäftigten glaubhaft darzulegen, dass die Externen zwar von der Geschäftsführung (und/oder vom Träger) beauftragt wurden, aber dennoch im Rahmen der kommenden Monate überparteilich und neutral agieren werden *(Allparteilichkeitsgrundsatz)*. In diesem Zusammenhang ist es z. B. wichtig, dass die in den Interviews gewonnenen Ergebnisse nach Abschluss dieser Phase so zusammengefasst und aufbereitet werden, dass kein Rückschluss auf einzelne Beschäftigte möglich ist *(Vertraulichkeitsgrundsatz)*.

Zu guter Letzt kann es in Abhängigkeit von der Größe eines Kulturbetriebs sinnvoll sein, die Führungsebene unterhalb der Geschäftsführung gesondert auf den Prozess einzustimmen. Grund hierfür ist, dass eine partizipative Organisations- und Leitbildentwicklung typische Koordinationsmechanismen der Hierarchie und formale, asymmetrische Machtverhältnisse temporär außer Kraft setzt. Für Führungskräfte ist dies ungewohnt und ggf. sogar bedrohlich, daher sollten sie u. U. separat auf die Prämissen eines solchen stärker symmetrischen Projekts eingestimmt werden bzw. sich die Vorzüge (selbst) erarbeiten, z. B. in einem Workshop. Sie sollten möglichst geschlossen hinter dem Veränderungsprozess stehen und die ihnen zugeordneten Beschäftigten durch eigene Vorbildwirkung (Wahrnehmung der Termine etc.) positiv beeinflussen (ausführlich hierzu Klaußner 2016, S. 55 ff.).

3.4.3   Entwicklung des Leitbilds

Die aggregierten, anonymisierten Interviewergebnisse – visuell aufbereitet z. B. in Form einer SWOT-Analyse – bilden das Fundament für die nächste Projektphase, in der die für einen jeweiligen Kulturbetrieb und seine Beschäftigten relevanten *Leitbildthemen* zu identifizieren sind. Auch wenn im Vorfeld keine Interviews durchgeführt wurden, ist die weitere Vorgehensweise dieselbe: Mit geeigneten Methoden (Brainstorming, World Café, Metaplan) werden die Themen, an denen in den nächsten Monaten gearbeitet werden soll, zunächst im Rahmen eines Workshops wertfrei gesammelt, diskutiere und dann immer weiter zusammengefasst (ggf. mithilfe einer *qualitativen Inhaltsanalyse* durch die externe Moderation; vgl. Klaußner 2016, S. 72). Im Lauf der weiteren Monate werden sich dann *moderiertes Arbeiten im Plenum* und *eigenverantwortliches Arbeiten in Kleingruppen* abwechseln:

- *Moderiertes Arbeiten im Plenum (Workshops)*

In den Workshops geht es im Wesentlichen um zwei Dinge:

1. Zum einen dienen sie zur Schaffung eines vertrauensbildenden und gemeinschaftsstärkenden *Rahmens:* Hier ist der Ort, an dem der *Prozess* und die *Projektziele* im Blick behalten und mögliche *Herausforderungen* angesprochen werden. Immer wieder wird es auch darum gehen, zu klären, was das Instrument der Leitbildentwicklung kann und – vielleicht noch wichtiger – was es nicht kann (z. B. kann es keine tief liegenden Organisationskonflikte „nebenbei" lösen; vgl. hierzu auch Kap. 4).
2. Zum anderen dienen die Workshops der *gemeinsamen* (Weiter-)Arbeit an Themen des Leitbilds, der Präsentation und Diskussion von in den Arbeitsgruppen gewonnenen Ergebnissen, der fortlaufenden Justierung des Entwicklungsprozesses sowie auch der Herausarbeitung und Anerkennung von bereits gemeisterten Meilensteinen. Wichtig ist, dass die Beschäftigten das Gefühl haben, dass es „ihr" Prozess ist.

In Abhängigkeit von der Größe des Kulturbetriebs und den verfügbaren Zeitressourcen können mehrere halbtägige Workshops oder auch fokussierte Klausurtage vereinbart werden; eine periodische Durchführung empfiehlt sich, z. B. alle 1– 2 Monate. Am Ende eines jeden Workshops sollten die (Zwischen-)Ergebnisse dokumentiert und zur Erhöhung der Prozesstransparenz *allen* Beteiligten verfügbar gemacht werden; üblich ist eine Fotodokumentation und die Einrichtung eines frei zugänglichen digitalen Ordners. Typischerweise wechseln sich in den Workshops Phasen der Moderation und des kreativen Arbeitens in der Gruppe ab. Häufig wird dabei die *Metaplantechnik* zum Einsatz kommen, die dabei hilft, Meinungen der Organisationsmitglieder zu visualisieren, etwa durch

- *Kartenabfrage* (jedes Gruppenmitglied hat z. B. die Möglichkeit, einen ihm/ihr wichtigen Gedanken zu verschriftlichen) oder
- *Bewertungspunkte* (jedes Gruppenmitglied hat z. B. die Möglichkeit, ein Thema innerhalb eines Themenspektrums zu priorisieren).

> – einander zuhören und aussprechen lassen
> – andere Meinungen respektieren; nicht bewerten
> – persönliche Angriffe und „Killerphrasen" vermeiden
> – kurze, zielorientierte Diskussionsbeiträge
> – auftretende Probleme offen ansprechen
> – Kritik unter Nennung von Alternativen äußern
> – verbindlich bzw. verlässlich „dabeibleiben"
> – …

Abb. 3.4 Spiel- bzw. Kommunikationsregeln wertschätzender Zusammenarbeit

Vor allem in konfliktreichen Organisationskulturen kann es hilfreich sein, beim ersten Workshop die Spielregeln für ein „gutes Miteinander" im Prozessverlauf festzulegen und ggf. zu verschriftlichen. Denn nur, wenn alle Beschäftigten – unabhängig von Hierarchie, Arbeitsbereichen etc. – das gleiche Recht auf einen (konstruktiven) Redebeitrag zugestanden bekommen, kann eine fruchtbare Diskussion entstehen. Neben der Maßgabe „Argument vor Hierarchie" gilt dabei insbesondere auch, dass Konflikte auf der *Sachebene* erwünscht sind, intensivieren sie doch den Austausch über die Leitbildinhalte und erhöhen deren Authentizität. Abb. 3.4 enthält Beispiele für solche wertschätzenden Regeln, die von den Moderatoren/innen vorgegeben oder gemeinsam mit den Organisationsmitgliedern formuliert werden können.

Abschließend sei darauf hingewiesen, dass es im Rahmen eines der ersten Workshops sinnvoll sein kann, andere Leitbilder heranzuziehen. Ein solches *Benchmarking,* d. h. der Vergleich mit den guten (oder auch nicht so guten) Praktiken anderer Kulturorganisationen, kann dabei helfen, die eigene Richtung frühzeitig zu markieren und z. B. darüber zu entscheiden, ob das Leitbild eher konkret oder visionär/vage ausfallen soll (vgl. Abschn. 3.1).

- *Eigenverantwortliches Arbeiten in Kleingruppen*

Die moderierte Zusammenarbeit im Plenum wird ergänzt durch selbstorganisierte Arbeitsphasen *zwischen* den Workshops. Dazu werden kleinere Arbeitsgruppen gebildet, die jeweils konkrete Aufgabenstellungen erhalten bzw. an einem oder – je nach geplanter Dauer des Prozesses – mehreren Themen des Leitbilds innerhalb eines vorgegebenen Zeitraums eigenverantwortlich weiterarbeiten und sich dazu z. B. alle zwei bis drei Wochen für rund anderthalb Stunden treffen. Abb. 3.5

Leitbildelemente „Aufgaben, Ziele, Leistungen" und „Besucher/innen"	Leitbildelement „Zusammenarbeit und Führung"
– Was ist unser Auftrag bzw. Organisationszweck? – Welche Aufgaben leiten sich daraus ab? – Welche Ziele haben wir nach innen? – Was wollen wir nach außen erreichen? – Mit welchen Leistungen wollen wir unsere Aufgaben erfüllen und Ziele erreichen? – Wer sind unsere Besucher/innen, wen erreichen wir bereits? – Wen möchten wir künftig noch stärker erreichen? – …	– Wie kommunizieren wir miteinander? – Woher beziehen wir unsere Informationen? – Wie gehen wir mit unseren organisatorischen Rahmenbedingungen um (z. B. Vielfalt und Unterschiede)? – Wie gehen wir mit Konflikten um? – Wie sind unsere Zuständigkeiten geregelt? – Was sind die Aufgaben von Führung? – Wie wollen wir führen und geführt werden? – Wie gehen wir mit Hierarchien um? – Was bedeutet für uns Selbstführung und Eigenverantwortung? – …

Abb. 3.5 Orientierungsfragen zur Auseinandersetzung mit Leitbildelementen

enthält Fragen, die im Rahmen eines Arbeitsauftrags zu drei exemplarisch ausgewählten Leitbildelementen (vgl. Abschn. 3.2) beantwortet werden sollen. Die Bildung solcher Arbeitsgruppen dient dazu, eine intensivere Arbeitsatmosphäre zu ermöglichen; gleichzeitig ist der Wechsel von Groß- und Kleingruppenarbeit ein wertvolles Tool zur Förderung des Miteinander sowie von Kreativität und Eigenverantwortung. Zum Einsatz können auch hier das Brainstorming und die Metaplantechnik kommen.

Mit Blick auf die Größe solcher Arbeitsgruppen gibt es in der Literatur unterschiedliche Empfehlungen. Grundsätzlich gilt: Je größer eine Gruppe ist, über desto mehr Ressourcen verfügt sie (Wissen, Kompetenzen, Erfahrungen, Zeit, Arbeitskraft etc.). Gleichzeitig wachsen mit der Gruppengröße auch die Koordinationserfordernisse, zudem ist die Gefahr von Motivationsverlusten und ein Nachlassen von individuellem Engagement höher. Hertel und Scholl (2006, S. 6) regen daher an, dass sich eine Gruppe am Minimum der absolut notwendigen Mitglieder orientieren sollte. In Abhängigkeit von der Größe des Kulturbetriebs und möglichen Ausfällen (Krankheit, Desinteresse, Terminüberschneidungen etc.) empfehlen sich Gruppengrößen von 8 bis 15 Personen.

Die Arbeitsgruppen sollten möglichst *heterogen* bzw. *interdisziplinär* mit Blick auf Hierarchien und Abteilungen zusammengesetzt werden. Die meisten der an Organisationsentwicklungsprojekten Beteiligten schätzen es sehr, wenn sie in dieser Form der Teamarbeit – häufig zum ersten Mal – mehr von den anderen

Organisationsmitgliedern, die nicht ihre unmittelbaren Kollegen/innen sind, und ihren Herausforderungen im Arbeitsalltag erfahren. Allerdings ist darauf zu achten, dass in den Gruppen keine direkten Führungsbeziehungen abgebildet sind und Abteilungsleiter/innen möglichst die einzigen sind, die ihre Abteilung inhaltlich vertreten. In Abhängigkeit von der Größe des Kulturbetriebs und den zur Verfügung stehenden Ressourcen können die Arbeitsgruppen parallel an denselben Themen arbeiten. In einem solchen Fall kann es zielführend sein, wenn in jeder Gruppe *Sprecher/innen* gewählt werden, die sich im Anschluss an die Arbeitsphase treffen, um die Ausarbeitungen der eigenen Gruppe vorzustellen und in *ein* Arbeitsergebnis zu verdichten (vgl. ausführlich Klaußner 2016, S. 90 ff.).

Nach jeder Arbeitsphase mit selbstmoderierter Erarbeitung von Ergebnissen findet ein Workshop statt, in dem die Überlegungen aus den Arbeits- oder Sprechergruppen vorgestellt, diskutiert, ggf. ergänzt und anschließend vom Plenum *verabschiedet* werden. Die Verwendung von Instrumenten wie z. B. Moderationskarten oder Bewertungspunkten kann dabei helfen, auch strittige Entscheidungen möglichst zielorientiert und ressourcenschonend zu treffen. Dabei liegt es in der Natur der Sache, dass die Kleingruppen ihre Ideen ohne die eigentlichen Auftraggeber bzw. das Top Management entwickeln. Führungskräfte sollten daher darauf eingestellt sein, sich für die Ideen und Vorstellungen der Mitarbeiter/innen zu öffnen – insbesondere auch bei der Diskussion im Plenum (Genz et al. 2005, S. 16). Gleichzeitig impliziert dies kein „anything goes": Die Geschäftsführung kann qua Position Leitplanken einziehen und Themen für gesetzt erklären, z. B. im Hinblick auf den Auftrag und die inhaltliche Ausrichtung eines Kulturbetriebs.

In einem solchen Wechsel zwischen Groß- und Kleingruppenarbeit erfolgt die iterative Entwicklung des Leitbilds, wie in Abb. 3.6 dargestellt. Dabei ist auch diese Ablaufdarstellung als *exemplarisch* zu verstehen, da sie erheblich von organisationsspezifischen Einflussfaktoren wie Konfliktfähigkeit, Konsensbereitschaft, Bereitschaft zur langfristigen Mitarbeit etc. abhängt.

3.4.4 Ausformulierung und nachhaltige Nutzung des Leitbilds

Die zwei größten Herausforderungen für die Wirksamkeit von Leitbildern bestehen darin, dass die Beschäftigten die verwendeten Aussagen als nicht authentisch bzw. sogar realitätsfremd empfinden oder sie das Leitbild gar nicht kennen, z. B. weil sie neu in der Organisation sind und das Leitbild nicht nachhaltig eingesetzt wird. Auf beide Herausforderungen wird nachstehend eingegangen; die Phase 4 ist damit von erheblicher Bedeutung für einen wirkungsvollen Leitbildprozess. Mit Blick auf das erstgenannte Problem sollte zunächst eine interdisziplinäre

Workshop 1
- Vorstellung des Prozesses und ggf. der externen Moderation
- Geclusterte Präsentation und Diskussion der anonymisierten Interviewergebnisse; Identifikation/Festlegung der relevanten Leitbildthemen als Gruppenentscheid
- (wertfreie) Betrachtung von Praktiken anderer Kulturorganisationen (möglichst andere Sparten); erste Überlegungen zum Format des eigenen Leitbildtexts
- Bildung von Arbeitsgruppen und Festlegung eines konkreten Arbeitsauftrags (Schwerpunkt *Analyse*: Sammlung von Ideen zu einem/mehreren Leitbildthema/en)

Kleingruppenphase 1

Workshop 2
- Präsentation und Diskussion der Ergebnisse aus den Arbeits-/Sprechergruppen: ggf. Ergänzungen und Verabschiedung/Ergebnissicherung
- Entscheidungen zum Leitbildtext: Art bzw. Umfang/Grad der Konkretisierung
- Festlegung eines konkreten Arbeitsauftrags für die Arbeitsgruppen (Schwerpunkt *Priorisierung*: Auswahl der wichtigsten Aussagen zu einem/mehreren Leitbildthema/en)

Kleingruppenphase 2

Workshop 3
- Präsentation und Diskussion der Ergebnisse aus den Arbeits-/Sprechergruppen, ggf. Ergänzungen und Verabschiedung/Ergebnissicherung
- Ggf. erste Entscheidungen zum Leitbildtext: Vorgaben für das Design (Verwendung von Logo, Fotos etc.)
- Festlegung eines konkreten Arbeitsauftrags für die Arbeitsgruppen (Schwerpunkt *Verdichtung*: Weitere Verdichtung der wichtigsten Aussagen zu einem oder mehreren Leitbildthema/en)

Kleingruppenphase 3

Workshop 4
- Präsentation und Diskussion der Ergebnisse aus den Arbeits-/Sprechergruppen, ggf. Ergänzungen und Verabschiedung/Ergebnissicherung
- Entscheidungen zum Leitbildtext: strategische Nutzung des Leitbilds (intern/extern); ggf. unter Formulierung von Kennzahlen für die Evaluation
- Festlegung eines konkreten Arbeitsauftrags für die Arbeitsgruppen (Schwerpunkt *Konkretisierung*: Entwurf konkreter Formulierungen für den Leitbildtext)

Kleingruppenphase 4

Workshop 5
- Präsentation und Diskussion der Ergebnisse aus den Arbeitsgruppen, ggf. Ergänzungen
- (Grundsätzliche) Verabschiedung des Leitbildentwurfs (ggf. Einsetzung einer Arbeitsgruppe für die redaktionelle Überarbeitung oder Auswahl einer Kommunikationsagentur für das richtige „Wording")
- Vereinbarung eines offiziellen Termins zur finalen Verabschiedung des Leitbildtexts
- Entwicklung von konkreten Maßnahmen zur Implementierung und dauerhaften Verwendung des Leitbilds intern und zur Vermarktung nach außen; Benennung von Promotoren/innen

Abb. 3.6 Beispiele für Themen in den Workshops und Arbeitsgruppen

Redaktionsgruppe autorisiert werden, die sich für den sprachlichen Feinschliff verantwortlich fühlt (und aus in der Organisation als befähigt angesehen Mitgliedern besteht, z. B. aus den Abteilungen Öffentlichkeitsarbeit und Vermittlung). Übergeordnet sind folgende Anforderungen an den Leitbildtext zu stellen (ähnlich Genz et al. 2005, S. 11):

- *Allgemeingültigkeit:* Die Aussagen im Leitbild sollen eine Orientierung für alle Arbeitsbereiche und Organisationseinheiten geben bzw. für alle Beschäftigten in ihrem Arbeitsalltag relevant sein.
- *Wesentlichkeit:* Im Leitbild sollen nur Aussagen getroffen werden, die grundsätzliche Belange der Kulturorganisation betreffen.
- *Authentizität, Realisierbarkeit, Glaubwürdigkeit:* Das Leitbild soll Aussagen über die Leistungen, das Miteinander etc. treffen, die realistisch von der Organisation und ihren Mitgliedern eingehalten werden können – und die damit authentisch, wahr und glaubwürdig sind.
- *Nachhaltigkeit:* Das Leitbild soll als eine Art Kompass fungieren, der die grundsätzliche Richtung der Organisation anzeigt – und dies möglichst unabhängig von aktuellen Strömungen und (Führungs-)Personen. Hierfür sind Formulierungen, die ein Soll oder ein Ziel beschreiben, häufig besser geeignet als die Beschreibung des Ist-Zustands.
- *Prägnanz:* Die Aussagen im Leitbild sollen nicht nur in sich stimmig sein, sondern auch so (einfach) formuliert, dass sie für interne und externe Anspruchsgruppen verständlich sind.

Mit Blick auf die konkrete Ausformulierung von Leitbildtexten zeigt die Internetrecherche: So vielfältig die Kulturlandschaft ist, so vielfältig sind auch ihre Leitbilder. Das ist auch richtig so, denn Leitbilder sind individueller Ausdruck des jeweiligen Charakters eines Kulturbetriebs – und das Ergebnis eines spezifischen, häufig sehr intensiven und langwierigen Entwicklungsprozesses. Wenngleich es damit nicht „die" richtige Art des Formulierens gibt, so seien hier dennoch Unterschiede in möglichen Herangehensweisen exemplarisch herausgearbeitet. So werden in Abb. 3.7 Kernaussagen aus einem längeren *Fließtext* zu wenigen *Leitsätzen* verdichtet. Grundsätzlich dürfen die Formulierungen Kopf und Herz gleichermaßen ansprechen, sie sollen aber in jedem Fall positiv formuliert und zukunftsgerichtet sein.

Die kurzen Leitsätze werden in der Praxis z. T. auch durch Erläuterungssätze ergänzt. Wie anhand eines Auszugs aus dem Leitbild des *Museums Schloss Moyland* in Tab. 3.3 beispielhaft veranschaulicht wird, kann es hilfreich sein, den Text wie folgt zu strukturieren:

„Im Bewusstsein einer starken Konkurrenz prüft und bewahrt das Orchester seine Attraktivität für den hochqualifizierten und für dieses Orchester besonders geeigneten musikalischen Nachwuchs. Dies betrifft neben den künstlerischen Leistungen und Erfolgen auch die internen Arbeitsbedingungen.
Die interne Arbeitsatmosphäre ist ein weiterer entscheidender Faktor, junge Kolleginnen und Kollegen zu gewinnen und zu halten. Die individuelle Leistungsbereitschaft aller Kolleginnen und Kollegen wird ein Berufsleben lang gewahrt durch gegenseitige Wertschätzung und Respekt" (https://www.mphil.de/orchester/leitbild.html).

– Wir bieten dem hochqualifizierten musikalischen Nachwuchs ein attraktives Berufsleben.
– Dazu streben wir künstlerische Hochleistungen genauso an, wie durch Wertschätzung und Respekt geprägte Arbeitsbedingungen.

Abb. 3.7 Beispiele für Aussagen in Fließtext- und Leitsatzform

1. Zunächst werden die Themenschwerpunkte, die in den Workshops festgelegt wurden, im Leitbild in eine Reihung gebracht. Die einzelnen Themen sollten im Text in einen sachlogischen Zusammenhang gebracht werden; hierzu gibt Abb. 3.2 eine Orientierung.

2. Anschließend wird jeweils ein prägnanter, affirmativer *Leitsatz* formuliert. Mit dieser einfachen Kernaussage wird angezeigt: So und nicht anders will der Kulturbetrieb in einem bestimmten Themenfeld des Leitbilds arbeiten. Häufig werden „wir"- und „uns"-Formulierungen verwendet, um die Verbindlichkeit der Leitsätze zu erhöhen.

3. Ein guter Leitsatz gibt die Richtung vor, bleibt aber zwangsläufig noch allgemein. Um konkreter zu werden, wird der Leitsatz in einem nächsten Schritt kurz und knapp erläutert. Aus den *Erläuterungssätzen* – als Richtlinie empfehlen sich hier rund drei Sätze – sollte deutlich werden, wie die affirmativen Leitsätze im Praxisalltag umgesetzt werden. Idealerweise werden Begriffe aus dem Leitsatz, z. B. „Eigenverantwortlichkeit", nicht einfach nur wiederholt, sondern konkretisiert und mit Leben gefüllt. Um die Ausformulierung von Leit- und Erläuterungssätzen zu erleichtern, können im Rahmen der Metaplantechnik zunächst Ideen gesammelt werden. Anhand der Visualisierung lässt sich leichter erkennen, was wirklich wichtig ist und was möglicherweise in einem Kausalzusammenhang steht (z. B. Führungsverhalten, Mitarbeiterzufriedenheit und Leistungsqualität).

Tab. 3.3 Auszug aus dem Leitbild des Museums Schloss Moyland

Themenschwerpunkt	Leitsatz	Erläuterungssätze
Zielgruppen	Der Besucher steht bei uns im Mittelpunkt	Mit unserem Bildungs- und kulturellen Unterhaltungsangebot richten wir uns an breite Besucherkreise und orientieren uns an ihren unterschiedlichen Interessen und Bedürfnissen. Unser Ziel ist es, im Dialog mit den Besuchern, die Wahrnehmung zu schärfen, Erkenntnis zu fördern und den Besuch in unserem Museum zu einem Erlebnis werden zu lassen. Besuchernähe, Höflichkeit und ein freundlicher Umgangston sind dabei für uns selbstverständlich
Kommunikation und Information	Wir kommunizieren respektvoll und offen	Unser interner Informationsaustausch ist gut und zuverlässig organisiert; er schafft Transparenz und erfolgt möglichst persönlich. Wir legen Wert auf eine respektvolle und offene Kommunikation, die auf gegenseitiger Wertschätzung und Vertrauen beruht, sowie auf konkrete und konstruktive Gesprächsergebnisse. Wir begrüßen Verbesserungsvorschläge und pflegen eine aktive Feedbackkultur
Zusammenarbeit und Führung	Eigenverantwortlichkeit, Anerkennung und Motivation prägen unser Handeln	Führung verstehen wir als Vorgabe eines Orientierungsrahmens, der eigenverantwortlich und kreativ gestaltete Arbeitsabläufe fordert. Wir erkennen Leistung gegenseitig an und lassen Kritik zu. Dadurch ist unsere Arbeit von hoher Motivation und Zufriedenheit getragen

Nach der Verabschiedung des Leitbildentwurfs geht es im Weiteren darum, dass das Leitbild über den Prozess hinauswirkt und *Nachhaltigkeit* entfaltet. Dazu ist es hilfreich, folgende Voraussetzungen zu schaffen:

- Das Leitbild wird zunächst offiziell in einem würdigen, gemeinschaftsstärkenden Rahmen verabschiedet (z. B. Vollversammlung, Betriebsfeier) und dann intern veröffentlicht, z. B. im Intranet oder als Plakat im Eingangsbereich, in der Kaffeeküche etc. Dadurch bleibt es in der Wahrnehmung der Beschäftigten dauerhaft präsent.
- Es wird ganz selbstverständlich zu verschiedenen betrieblichen bzw. personalpolitischen Anlässen eingesetzt, z. B. bei der
  - Bearbeitung von Ziel- und Wertekonflikten,
  - Formulierung von Zielvereinbarungen,
  - Durchführung von Entwicklungsgesprächen und Schulungen von Mitarbeitern/innen bzw. Führungskräften,
  - Formulierung von Stellenausschreibungen,
  - Durchführung von Auswahlgesprächen oder zur Nutzung bei der Personaleinführung (z. B. Onboarding-Mappe, Mentoringprogramm),
  - Formulierung eines Mottos, das die Arbeit im Kulturbetrieb ein Jahr lang prägt,
  - Formulierung von Kennzahlen für das Controlling, die an die Leitbildthemen andocken (vgl. Tab. 3.4).
- Es wird in der Vermarktung nach außen genutzt (z. B. Pressemitteilung, Website, Social Media, E-Mail-Signaturen) und stellt das Fundament der Markenbildung und des Corporate Design dar; die Identitätsbildung und -festigung wird so auch auf diesem Wege gefördert.

Tab. 3.4 Beispiele für Kennzahlen zur Sicherung der Nachhaltigkeit

Leitbildelement	Kennwert (Bsp.)
Wir erkennen Leistung an	• Jährliche Durchführung von Personalgesprächen • Regelmäßige Weiterbildung von Beschäftigten und Führungskräften
Unsere Arbeit ist von hoher Motivation und Zufriedenheit getragen	• Regelmäßige Zufriedenheitsbefragung der Beschäftigten • Einrichtung von Verbesserungsboxen (Mitarbeitervorschläge) • Open-Door-Policy von Führungskräften

- Es wird nach Ablauf einer Frist (5–8 Jahre) oder anlassbezogen (z. B. Wechsel auf der Geschäftsführungsebene) noch einmal angesehen, z. B. im Rahmen von internen Workshops, und ggf. um neue Entwicklungen angepasst. So fand sich etwa im (alten) Leitbild der *Klassik Stiftung Weimar* folgende Anmerkung: „Auf dieses Leitbild haben sich die Mitarbeiterinnen und Mitarbeiter der Klassik Stiftung Weimar im November 2007 verständigt. Es wurde 2011 um den Passus zum Umgang mit unrechtmäßig erworbenem Kulturgut ergänzt"; seit 2020 gibt es ein vollständig überarbeitetes Leitbild).
- Es werden „Promotoren/innen" in der Organisation benannt, die sich aktiv um die nachhaltige Nutzung des Leitbilds bemühen.

Abschließend sei ein Gedanke von Poppelreuter (2018, S. 44) aufgegriffen: Der wichtigste Faktor für die Nachhaltigkeit des Leitbilds ist die *Führungskraft* an der Spitze der Kulturorganisation. Immer dann, wenn die oberste Hierarchieebene die im Leitbild verankerten Soll-Vorstellungen vorlebt und sich in ihrem Verhalten daran widerspruchsfrei orientiert, wird sich die Mehrheit der Mitarbeiter/innen anschließen. Die Vorbildfunktion ist also, wie bei eigentlich allen Themen der Personalführung (ausführlich hierzu Hausmann 2019), auch bei der Leitbildentwicklung von immenser Bedeutung. Gleichzeitig sollen die Geführten nicht aus ihrer Verantwortung gelassen werden: Sie können durch ihr eigenes Verhalten und Handeln die Führungskraft bei der Wahrnehmung dieser – nicht immer leichten – Vorbildaufgabe unterstützen. Gelingt dies nicht, wird das Leitbild in der sprichwörtlichen Schublade verschwinden und für die täglichen Arbeitsprozesse irrelevant sein (ähnlich Klaußner 2016, S. 10).

Schlüsselfaktoren für kulturbetriebliche Veränderungsprozesse

4

Die Organisationsentwicklung im Allgemeinen und die Leitbildentwicklung im Besonderen sind wirkungsvolle Konzepte des strategischen Management, die Kulturbetriebe nachhaltig dabei unterstützen können, ihre Aufgaben besser zu erfüllen, ihre Ziele nachhaltiger zu verfolgen und insgesamt professioneller am Markt aufzutreten. Gleichzeitig stellen solche Veränderungsprozesse kein geringes Unterfangen dar – weder für den Kulturbetrieb als Ganzes noch für die Beschäftigten, die Führungskräfte oder die externe Moderation. Nachfolgend seien daher einige Faktoren kursorisch herausgearbeitet, die auf den (Miss-)Erfolg eines solchen Projekts besonders wirksam Einfluss nehmen können (vgl. hierzu auch die Erfahrungen aus den kulturbetrieblichen Praxisprojekten von Wiesbauer 2014; Boëthius und Wrangsjö 2008).

- *Zielorientierung und Projektsprache*

Veränderungsprozesse sollten intentional und sinnhaft sein. Beides muss nicht nur zu Beginn klar kommuniziert werden, sondern es wird auch im Prozessverlauf immer wieder notwendig sein, hierauf im Plenum einzugehen. Bei künstlerisch-kreativen Mitarbeitern/innen bestehen zudem häufig erhebliche Bedenken gegenüber kulturmanagerialen Instrumenten und Verfahren. Selbst auf künstlerischer Führungskräfteebene kann es im Laufe eines Projekts wiederholt notwendig werden, bestimmte Managementbegriffe zu erläutern und im Kontext des Kulturbetriebs zu verorten sowie insgesamt die Skepsis zu zerstreuen, dass die Anwendung von Methoden der Organisations-/Leitbildentwicklung zulasten der Produktion von Kunst und Inhalten geht.

© Springer Fachmedien Wiesbaden GmbH, ein Teil von Springer Nature 2021   47
A. Hausmann, *Wirkungsvolle Organisations- und Leitbildentwicklung in Kulturbetrieben,* essentials, https://doi.org/10.1007/978-3-658-33618-9_4

- *Zeitmanagement, Frustrationstoleranz, Meilensteine*

Jede Organisation hat im Laufe ihres Bestehens am Markt eine einzigartige Kultur entwickelt. Diese bereits vorhandene Kultur ist wirkmächtig und, was erschwerend hinzukommt, sie ist den Organisationsmitgliedern nur zum Teil bewusst. Veränderungen können deshalb nur schrittweise erfolgen. In Abhängigkeit verschiedener kulturbetriebsspezifischer Parameter (Größe des Kulturbetriebs, Organisationskultur, Konfliktdichte und -anfälligkeit, Probleme der Terminfindung aufgrund künstlerischer bzw. saisonaler Verpflichtungen etc.) sowie der mit dem Projekt konkret verbundenen Ziele (Leitbildentwicklung, Reorganisation etc.) dauert der Prozess durchschnittlich zwischen 12 und 18 Monaten (ähnlich Genz 2005, S. 35; Löffler 2008, S. 238; Wiesbauer 2014, S. 106); kürzer angelegte Prozesse sind prinzipiell denkbar, vernachlässigen aber u. U. die wertvolle Zeit des Nachdenkens und Wirkenlassens zwischen den verschiedenen Gruppenterminen.

Während dieser Zeit ist ein hohes Maß an Kommunikation und Frustrationstoleranz gefragt. In diesem Zusammenhang ist die Tendenz von Kulturbetrieben, sich selbst bzw. die eigene Organisation „schlecht zu reden" besonders kontraproduktiv. Wiesbauer (2014, S. 106) bestätigt in diesem Kontext, dass sie die Kommunikation der einzelnen Veränderungsschritte und des Erreichten im Leitbildprojekt des *Museums für moderne Kunst Wien* als ermüdend und zäh empfunden hat. Es empfiehlt sich daher schon früh eine Orientierung darüber zu gehen, wie lange der Prozess dauern wird. Ergänzend werden Meilensteine definiert, die bei Erreichung herauszustellen und offiziell zu feiern sind. Die zuweilen spannungsreiche Zusammenarbeit kann und soll hierdurch ganz bewusst Entlastung finden.

- *Budget*

In engem Zusammenhang mit der Zeitfrage steht jene nach dem Budget. Hier treffen zwei konkurrierende Tatsachen aufeinander: Kulturbetriebe verfügen grundsätzlich über knappe Budgets, die zwischen den beiden zwar ineinander verschränkten, aber doch häufig auch als gegensätzlich empfundenen Aufgabenbereichen Management/Administration und Kunst/Inhalte zufriedenstellend verteilt werden müssen. Zusätzliche Projekte, wie z. B. eine Organisationsentwicklung, führen dazu, zumindest wenn sie aus dem regulären Budget bezahlt werden, dass an anderer Stelle weniger Geld zur Verfügung steht. Dies den Beschäftigten zu erklären, erfordert gutes Geschick und Überzeugungsarbeit der Kulturbetriebsleitung. Hier kann der Ausblick helfen, dass durch ein gelingenderes Miteinander, wie es hoffentlich ein Resultat des Entwicklungsprozesses sein wird, künftig ressourcenschonender (v. a. weniger konkfliktintensiv) gearbeitet werden kann. Alternativ ist es denkbar, ein solches Projekt im Rahmen von Drittmitteln zu finanzieren, z. B. über den Freundeskreis oder sonstige Förder/innen.

- *Partizipation und Erwartungen*

Darüber hinaus können sich Spannungen aber auch daraus ergeben, dass nicht in allen Tätigkeitsfeldern eines Kulturbetriebs gleichermaßen Veränderungspotenzial vorliegt. Wiesbauer (2014, S. 107) zeigt am Beispiel des Beschäftigungsfeldes „Museumsaufsicht", welche Konsequenzen es haben kann, wenn die Einbeziehung von Beschäftigten losgelöst von ihrer Position erfolgt. Im von ihr beschriebenen Projekt wurde das Aufsichtsteam zwar von Anfang an in den Prozess eingebunden, es wurde jedoch nicht frühzeitig berücksichtigt bzw. kommuniziert, dass das Veränderungspotenzial in diesem speziellen Tätigkeitsbereich deutlich geringer ausfallen wird als in anderen Aufgabenfeldern. Das Aufsichtspersonal reagierte später sehr enttäuscht und bremste damit auch den Verbesserungsprozess im Ganzen.

Die möglichst breite, engagierte Partizipation der Beschäftigten gilt in Veränderungsprozessen, wie bereits mehrfach herausgestellt wurde, als einer der wichtigsten Erfolgsfaktoren. Gleichzeitig finden sich jedoch immer Individuen oder auch Gruppen (z. B. Personalrat), die ein solches Projekt von Beginn an eher kritisch begleiten oder sich im Laufe der Zeit aus dem Prozess verabschieden. Die Ursachen hierfür sind vielfältig, sie finden sich z. B. in individuellen Persönlichkeitsmerkmalen, der Angst vor Verlust von Einflussnahme bzw. Machtverschiebungen, der Angst vor Überforderung durch Veränderungen etc. Auf der anderen Seite des Kontinuums werden sich Beschäftigte finden, die sich zunächst voller Enthusiasmus in das Projekt stürzen. Was zunächst ein echtes „asset" für die Organisationsentwicklung ist, stellt sich dann als Problem heraus, wenn die Erwartungen an das, was ein solcher Prozess leisten kann, überzogen sind und auch im Zeitverlauf nicht angepasst werden können (z. B. durch Interventionen der externen Moderation). So entsteht u. U. eine Fallhöhe, die ebenfalls zu Frustrationen führen kann.

- *Führungskoalitionen und Konflikttoleranz*

Es ist bereits an anderen Stellen hervorgehoben worden, wie erfolgskritisch die Bereitschaft der Geschäftsführung ist, den Prozess in allen Teilschritten mitzugehen und entsprechende Präsenz zu zeigen. Aber auch die zweite Leitungsebene ist essenziell für den Projekterfolg, v. a. im Hinblick auf ihr Commitment und ihre Vorbildfunktion. Auf beiden Ebenen muss eine gewisse Konflikttoleranz eingeübt werden. So kommt es nicht selten dazu, dass im Rahmen der Projektarbeit Themen an die Oberfläche kommen, die zuerst – u. U. auch in einer Teilgruppe – angegangen werden müssen, da ansonsten die eigentliche Aufgabenstellung nicht gelingend bearbeitet werden kann. Zu solchen Themen gehören insbesondere jene, die auf ungelöste Konflikte in der Organisation hinweisen. Wenngleich also einerseits Kontroversen im Prozess normal und – bei sachbezogener Austragung – sogar explizit erwünscht sind, so kann es andererseits notwendig werden, die Organisationsentwicklung durch andere Verfahren, z. B. der Mediation in Teilgruppen, zu ergänzen, um den Gesamtprozess nicht durch Beziehungskonflikte und mikropolitische Auseinandersetzungen zu behindern oder zu überfordern. Im Zweifel muss der Leitbildprozess auch solange gestoppt (oder kann erst gar nicht gestartet) werden, bis die Konfliktdichte gesenkt wurde (Klaußner 2016, S. 20 f.).

- *Prozessflexibilität und -nachhaltigkeit*

Das Projekt wird Höhen und Tiefen haben; es ist wichtig zu wissen, in welchen Phasen welche Emotionen dominieren und wann sich Widerstände manifestieren bzw. Rückkopplungsschleifen erforderlich werden. Gleichzeitig ist ein Bewusstsein dafür zu schaffen, dass jedes noch so gute Zeitmanagement im Projekt nicht vor exogen bedingten Verzögerungen gefeit ist. Wenn etwa eine pandemische Situation eintritt, dann sind bestimmte Tools der Organisationsentwicklung nur bedingt so realisierbar, wie es geplant war. Gleichzeitig sollte ein Bewusstsein dafür geschaffen werden, dass das Projekt ein prinzipielles Veränderungsbewusstsein in der Organisation anstößt, der Projektabschluss also nicht als Endpunkt verstanden wird. Durch die Installation von Promotoren/innen und Multiplikatoren/innen wird das Projekt nicht nur gesteuert und die Akzeptanz über die Monate hochgehalten, sondern sie tragen auch dazu bei, dass die Veränderungen nachhaltig greifen.

Was Sie aus diesem *essential* mitnehmen können

- Organisationale Systeme unterliegen einem kontinuierlichen, dynamischen Wandel. Auch in Kulturbetrieben führt eine Vielzahl von internen und externen Einflussfaktoren dazu, dass Veränderungen die Regel und nicht die Ausnahme sind. Dieses *essential* hilft dabei, zu verstehen, wie Methoden der Organisationsentwicklung Kulturbetriebe nachhaltig dabei unterstützen können, ihre Aufgaben besser zu erfüllen, ihre Ziele konsequenter zu verfolgen und insgesamt professioneller am Markt aufzutreten.
- Leitbilder sind mehr als eine zu Zwecken des Marketing und der Öffentlichkeitsarbeit erstellte Hochglanzbroschüre oder ein Menüpunkt auf der Website eines Kulturbetriebs. Nach der Lektüre dieses *essentials* wird deutlich geworden sein, dass Leitbilder v. a. auch ein wichtiges internes Koordinations- und Steuerungsinstrument sind, sie verbinden die Ist-Identität mit einem erwünschten Idealbild und fördern erwünschtes Verhalten am Arbeitsplatz: So wollen und sollen die Organisationsmitglieder miteinander arbeiten. Sie fungieren als Handlungsrahmen und Kompass oder – anders ausgedrückt – sie stellen das Grundgesetz eines Kulturbetriebs dar, aus dem sich konkrete Maßnahmen ableiten lassen.
- Der Prozess einer Leitbilderstellung umfasst verschiedene Stufen, die in Abhängigkeit vom gewählten Verfahren variieren. In diesem *essential* wird der idealtypische Ablauf eines Bottom Up-Verfahrens (Großgruppenmodell mit externer Moderation) vorgestellt und praxisorientiert in allen seinen Phasen beschrieben. Weitere Varianten der Leitbildentwicklung werden ebenfalls diskutiert.

© Springer Fachmedien Wiesbaden GmbH, ein Teil von Springer Nature 2021   51
A. Hausmann, *Wirkungsvolle Organisations- und Leitbildentwicklung in Kulturbetrieben,* essentials, https://doi.org/10.1007/978-3-658-33618-9

Literatur

Amelung, V. E., Mühlbacher, A., Krauth, C., Bartscher, T., Nissen, R. (2018). *Definition: Was ist „Coaching"?* https://wirtschaftslexikon.gabler.de/definition/coaching-29701/version-253300. Zugegriffen: Januar 2021.

Boëthius, S. B., & Wrangsjö, B. (2008). Management der Kunst: Organisationsentwicklung in einem Symphonie-Orchester, in: Trebesch, K. (Hrsg.): *Organisationsentwicklung.* Stuttgart: Klett, S. 330–351.

Deutscher Bundesverband Coaching e. V. (DBVC) (2021). *Definition Coaching.* https://www.dbvc.de/der-verband/ueber-uns/definition-coaching. Zugegriffen: Januar 2021.

Dittrich-Brauner, K., Dittmann, E., List, E., Windisch, C. (2013). *Interaktive Großgruppen: Change-Prozesse in Organisationen gestalten* (2. Aufl.). Berlin/Heidelberg: Springer.

Gairing, F. (2017). *Organisationsentwicklung: Geschichte – Konzepte – Praxis.* Stuttgart: Kohlhammer.

Genz, H. O., Reick, W., Schambortski, H., Schönen, H., Scholz, U., Vogt, U. (2005). *Ratgeber Leitbildentwicklung.* Hamburg: Koelblin.

Hausmann, A. (2021). *Kulturmarketing* (3. Aufl.). Wiesbaden: Springer.

Hausmann, A. (2020). *Cultural Leadership II. Instrumente der Personalführung in Kulturbetrieben.* Reihe essentials. Wiesbaden: Springer.

Hausmann, A. (2019a). *Kunst- und Kulturmanagement* (2. Aufl.). Wiesbaden: Springer.

Hausmann, A. (2019b). *Cultural Leadership I. Begriff, Einflussfaktoren und Aufgaben der Personalführung in Kulturbetrieben.* Reihe essentials. Wiesbaden: Springer.

Hertel, G., & Scholl, W. (2006). *Grundlagen der Gruppenarbeit in Organisationen.* https://www.psychologie.hu-berlin.de/de/prof/org/download/Schollgrundl06. Zugegriffen: Januar 2021.

Klaußner, S. (2016). *Partizipative Leitbildentwicklung.* Wiesbaden: Springer.

Königswieser, R., & Exner, A. (2019): *Systemische Intervention. Architektur und Designs für Berater und Veränderungsmanager* (9. Aufl.). Stuttgart: Schäffer-Poeschel.

Krüger, W., & Bach, N. (2014). *Excellence in Change: Wege zur strategischen Erneuerung* (5. Aufl.) Wiesbaden: Gabler.

Kuster, J., Bachmann, C., Huber, E., Hubmann, M., Lippmann, R., Schneider, E., Schneider, P., Witschi, U., Wüst, R. (2019). *Handbuch Projektmanagement. Agil – Klassisch – Hybrid* (4. Aufl.). Wiesbaden: Springer.

Lewin, K. (1947). Frontiers in Group Dynamics. Concept, Method and Reality in Social Science; Social Equilibria and Social Change. *Human Relations* 1 (1), S. 5–41.

© Springer Fachmedien Wiesbaden GmbH, ein Teil von Springer Nature 2021   53
A. Hausmann, *Wirkungsvolle Organisations- und Leitbildentwicklung in Kulturbetrieben,* essentials, https://doi.org/10.1007/978-3-658-33618-9

Lipp, U., & Will, H. (2018). *Das große Workshop-Buch: Konzeption, Inszenierung und Moderation von Klausuren, Besprechungen und Seminaren* (8. Aufl.). Weinheim/Basel: Beltz.

Löffler, M. (2008). Leitbilder in Bibliotheken – eine erste Zwischenbilanz. In *Bibliotheksforum Bayern* (02), S. 236–239.

Poppelreuter, S. (2018). *Wirtschafts- und Organisationspsychologie im Management*. Köln: TÜV Media.

Schad, D. (2008). Leitbilder für Kulturorganisationen. In *Theater Management* September-November, S. 6–7.

Schiersmann, C., & Thiel, H.-U. (2018). *Organisationsentwicklung: Prinzipien und Strategien von Veränderungsprozessen* (5. Aufl.). Wiesbaden: Springer.

Werther, S., & Jacobs, C. (2014). *Organisationsentwicklung – Freunde am Change*. Berlin/Heidelberg: Springer.

Wiesbauer, A. (2015). Organisationsentwicklung an einem Wiener Museum. Was können wir? Was wollen wir? in: *Handbuch Kulturmanagement*, Berlin: Raabe Verlag, J 1.19, S. 97–114.

Zech, R. (2008). *Handbuch Qualität in der Weiterbildung*. Stuttgart: Beltz.

Printed in the United States
by Baker & Taylor Publisher Services